诗人那些事儿

王维篇

夫　子　主编
唐小敏　林淑杰　著

山东人民出版社·济南
国家一级出版社　全国百佳图书出版单位

图书在版编目（CIP）数据

诗人那些事儿．王维篇 / 夫子主编 ；唐小敏，林淑杰著．
—— 济南 ：山东人民出版社，2022.6（2023.4重印）
ISBN 978-7-209-13669-3

Ⅰ．①诗… Ⅱ．①夫… ②唐… ③林… Ⅲ．①王维（699-759）-传记 Ⅳ．①K825.6

中国版本图书馆CIP数据核字(2022)第076204号

诗人那些事儿·王维篇
SHIREN NAXIE SHIER WANGWEIPIAN
夫子 主编

主管单位 山东出版传媒股份有限公司
出版发行 山东人民出版社
出 版 人 胡长青
社　　址 济南市市中区舜耕路517号
邮　　编 250003
电　　话 总编室（0531）82098914
　　　　 市场部（0531）82098027
网　　址 http://www.sd-book.com.cn
印　　装 山东华立印务有限公司
经　　销 新华书店

规　　格 32开（145mm×210mm）
印　　张 6.5
字　　数 110千字
版　　次 2022年6月第1版
印　　次 2023年4月第2次
印　　数 10001—15000
ISBN 978-7-209-13669-3
定　　价 32.80元

序言

“飞流直下三千尺，疑是银河落九天。”哇，这是多么瑰丽浪漫的想象！“无边落木萧萧下，不尽长江滚滚来。”啊，这是多么落寞悲凉的情绪！“东风不与周郎便，铜雀春深锁二乔。”呀，这是多么匠心独运的见解！读到如此令人惊艳的诗句，你是否想买一本诗歌集来品一品？

豪迈爽朗的李白，却经常生出淡淡的忧伤；一生凄苦的杜甫，却念念不忘国家和人民；风流潇洒的杜牧，却在军事上才华横溢……面对这些传奇般的诗人，你是否想买一套他们的传记来读一读？

可是啊，当你欣赏诗歌集的时候，虽然能读到诗歌原文、注释、翻译，甚至赏析，但是会不会经常感到与诗歌隔了一层面纱？当你品读诗人传记的时候，虽然书中将诗人的一生记述得清清楚楚，但是会不会经常感到有些疲倦、无法沉浸其中？

你会不会想，有没有这么一套书，能够让自己“一口气”读完诗人的一生，能够沉浸其中，为诗人的欢乐而欢乐，为诗人的忧愁而忧愁；同时，还能读到诗人的经典诗歌，了解这些诗歌是在怎样的背景下、在诗人怎样的心情下创作出来的，与这些诗歌“零距离”接触一番？

相信，这套《诗人那些事儿》能够合乎你的胃口。它一个分册只讲一位诗人，语言通俗又风趣，借用了一些现代流行语汇，同时运用丰富的想象绘制了超多幽默、有趣的插图。而且，中小学阶段必背的这位诗人的诗歌，都包含在其中。每个分册以诗人的生平为主线，串联诗人的经典诗歌，既是诗人的传记，又是诗歌的合集。

在这套书里，你看到的诗人，是有血有肉、有喜有忧的鲜活的人物，如同你景仰的长辈，又如同你亲近的朋友；在这套书里，你读到的诗歌，仿佛是近在你眼前、刚刚沐浴阳光或经历风雨而缓缓绽放的花朵，让你流连忘返，回味无穷。

目录

索引

第一章

少有才名

近年来，“佛系”这个词火得一塌糊涂。有人自称“佛系青年”，有人想过“佛系生活”，还有人玩起了“佛系追星”。不过早在唐朝就有一位大名鼎鼎的人物，被人们尊称为“诗佛”，他就是与“诗仙”李白、“诗圣”杜甫鼎足而立的王维。掐指一算，这位真“佛系”可领先了上千年呐，甩开当代摩登小青年几百条街都不止了！

公元701年（一说公元699年），王维含着“金钥匙”出生了。为什么这么说呢？来看看王维的家族就知道了。王维的爷爷王胄（zhòu）在世时，不仅是当时著名的音乐家，琵琶演奏技艺一流，而且还是朝廷的协律郎，也就是现在的官方“调音师”。王维的父亲王处廉也在朝廷当官。母亲呢，更是当时五大望族之一的**博陵崔氏**之女。你瞧瞧，这可是妥妥的大户人家啊！

小贴士

博陵崔氏是当时五姓七家的望族之一。

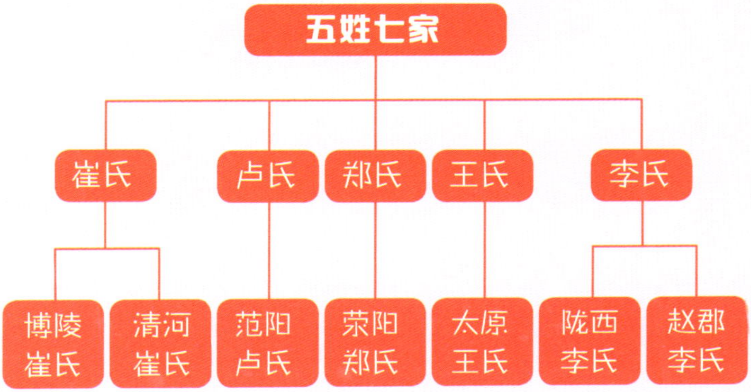

由于家庭条件好，王维可以说是一出生就赢在了起跑线上。父母都是文化人，对孩子的教育自然是十分重视。在父母的严格要求下，王维从小就接受了正规专业的教育，而且王维也没有浪费父母的优良基因，学习能力非常强，一学就会，一点就通，还能举一反三呢。这简直就是传说中“别人家的孩子”嘛，真是让人羡慕嫉妒恨呐！

这么好的条件，按理说王维的人生应该是一路平坦才对。不幸的是，王维九岁这年，父亲就突发疾病去世了，小小年纪的王维也在这时狠狠体验了一把生活的艰辛。由于家里没了主心骨，母亲只好变卖了家产，带着几个孩子回到了娘家蒲州（今山西永济）。懂事的王维当然不忍心看着母亲这么辛苦啦，就带着弟弟妹妹们努力读书，偶尔也去街上摆个摊，卖卖自己写的字画和诗词。

他母亲呢，之前就是个虔诚的佛教徒，现在丈夫不在了，更是一门心思扑在上面。王维和弟弟妹妹也受到影响，《旧唐书》中《王维传》记载：“维弟兄俱奉佛，居常蔬食，不茹荤血，晚年长斋，不衣文彩。”意思是说王维兄弟都信佛，平时经常吃蔬菜，不吃荤腥，到晚年更是长期吃斋，不穿华美的衣服。

他母亲给王维取名为“维”，字“摩诘”，合起来就是“维摩诘”，维摩诘是佛教中的一位大乘居士，由此可见王妈妈对佛教的虔诚度，也可见她对王维寄予了多高的期望。王维“摩诘居士”的称号就是这么来的。

或许王维这一生注定是不平凡的。小小年纪就天赋异禀的他，不仅拥有家族遗传的音乐天赋，经过后期的刻苦努力，还写得一手好诗，琴棋书画也是样样精通。这在当时的小县城里，可是实实在在的“童星”啊！

不过，小县城的资源和前途都远比不上大城市，他母亲就想，我家孩子这么好的才华，岂能在这小县城里埋没！于是，十五岁那年，在母亲和舅舅的鼓励下，王维离开家乡去往西边的大城市长安，正式开启了“西漂”生活。

经过一路上的跋山涉水，王维可算是来到了长安。吃尽了苦头的他刚想抱怨几句，眼前大城市的气派与繁华直接让他目瞪口呆，一句抱怨的话也说不出了。

俗话说“在家靠父母，出门靠朋友”。作为“社交天花板”，交朋友自然是难不倒王维的。在长安住了一段时间，王维就交到了不少朋友，比如祖自虚、祖咏、綦（qí）毋潜等。大家没事就聚在一起，喝点小酒，聊聊人生什么的。

一次，朋友们回忆起他们初相识的场景，聊起了对彼此的第一印象。这样一群游侠少年偶然相遇，被彼此的英雄意气所吸引，由此相识相知，几个人不由得因此敬酒庆祝。

王维非常感动，这种朝气蓬勃、豪放不羁的少年气概马上就戳中了他。他当下就诗兴大发，写出了四首《**少年行**》，其中第一首最为有名：

新丰美酒斗十千，
咸阳游侠多少年。
相逢意气为君饮，
系马高楼垂柳边。

新丰产的美酒非常名贵，一斗酒要花十千钱。咸阳城里的游侠们大多是青春少年。这些少年侠客偶然相逢，一见如故，彼此意气相合，痛饮美酒琼浆。他们把马拴在那高高酒楼前的垂柳旁边。

小贴士

《少年行》是王维的七绝组诗，共四首。分别表现了少年游侠欢聚纵饮的豪情、出征边塞的壮怀、勇猛杀敌的气概和功成名就的辉煌。

*未成年人请勿饮酒

几首诗作完，朋友们都大赞王维的诗作，表示十分喜欢。聚会散场后，王维走在回家的路上，思绪渐渐飘远。不知不觉来到长安已经两年了，王维一直没有忘记初心。在这两年中，他陆陆续续发表了一些原创诗词。天才般的他在长安诗词圈慢慢打出了名气。这本应该是让人十分高兴的事情，但京都里的人情世故，王维是打心底里不习惯。独自在外打拼的王维不禁感受到一丝打工人的辛酸，不由得越来越想家了。

到了重阳节这一天，十七岁的王维看着大家都阖（hé）家团圆地准备去赏花登高，而自己却是孤身一人。思乡的情绪朝他袭来。他开始想象，此时家中的兄弟应该也在登高吧，只是插茱萸的时候少了我这一个人。想着想着，写诗的灵感就来了，他马上便写下了一首《**九月九日忆山东兄弟**》：

独在异乡为异客，

每逢佳节倍思亲。

遥知兄弟登高处，

遍插茱萸少一人。

山东：此山东不是指如今的山东省，而是因为蒲州在华山以东，所以称山东。

我独自一人身处异乡，每到与亲人团聚的节日，就更加想念我的家人们。又想到我的兄弟们今天去登高，在插茱萸祈福时，会发现唯独少了我一人。

小贴士

重阳佳节，唐朝的重大节日之一。这一天，人们除了登高赋诗、开宴团聚之外，还会进行插茱萸、赏菊等活动。

这首诗语言十分简单，前两句用寻常话语表现了游子孤单落寞的心境，后两句通过家乡亲友对王维的思念，反观出王维对亲友深深的想念。

诗中的感情可以说是十分细腻委婉，很能引发广大游子的共鸣。所以这首诗一出，马上就在社交网络上刷了屏，热度一时高涨。

不经意间，王维靠“想家”成功圈了一波“粉丝”！

诗写完后，王维心里便决定，要给自己放个假，回家一趟，也算是给自己一点儿奖励。于是他马上收拾行李，说走就走！

回到家后，王维就感受到了家乡的热情。亲戚朋友、街坊邻居都跑到家里，要看一看从长安回来的“诗圈新星”。

到了晚上，母亲把王维叫到房间，对他说：“维儿，这两年你一个人在外打拼，娘一直很担心你。但好在你争气，在长安闯出了一番天地，邻居也都跟我夸你。但是娘还是要叮嘱你，要戒骄戒躁，对科考要多上心，知道了吗？还有缙（jìn）儿在家学习也挺努力的，办事也越来越灵活，要不让他和你一块儿出去闯闯，兄弟二人也好有个照应。”

王维马上就答应了，心想这下终于不用再“忆山东兄弟”了！

在家休息了一段时间，王维决定带上弟弟王缙返回长安。王缙来到长安后，两个人常常同出同进，互相关照，形影不离。

第二章

立足京城

来到长安打拼的这几年，王维虽然在诗词圈有了一些地位，但京城长安是什么地方，这里可是一块匾额掉下来砸中三个人，有两个是人才的地方。有才华的人都拼了命地往前面挤，想要出人头地。要想在这里“C位（中心位置）出道”，哪是那么简单的事儿。

在这儿待了两三年的王维心里也明白，才华并不一定是获得成功的关键，有些时候还得靠一点儿人脉。

于是，通过好友綦毋潜的介绍，王维决定带着弟弟王缙一起去岐（qí）王家登门拜访。

小贴士

綦毋潜：唐代诗人。他的诗清丽典雅，恬淡自然，风格与王维相似。

岐王：李范，唐睿宗李旦的第四个儿子、唐玄宗李隆基的弟弟。爱结交文人墨客并礼贤下士。

不过，岐王在当时是鼎鼎有名的大人物，哪是想见就能见到的，所以拜访过程中也经历了一些困难。

幸好王维之前就靠自身的人品和才华积攒了一些热度，对于这位前途大好的天才少年，岐王也有点好奇。最终王维还是幸运地见到了岐王。

王维知道这次机会来之不易，于是一见面就递上了自己的代表作——《过始皇墓》《九月九日忆山东兄弟》和《题友人云母障子》。读完之后，岐王直呼“出彩”。

岐王看得高兴，马上就把乐师叫过来，为《九月九日忆山东兄弟》和《题友人云母障子》谱上乐曲，现场表演了一段。

一曲过后，岐王就问王维感觉怎么样，王维却说“还差点意思”，站在一旁的弟弟王缙紧张得直冒汗，对着哥哥疯狂眨眼，生怕哥哥说错话，两个人小命就没了。没想到岐王却表现出一副看好戏的表情，示意王维接着说下去。

王维也不怕，毕竟实力在那摆着呢，家族的音乐天赋可不是白继承的。他马上就指出了哪种乐器在哪块慢了半拍，哪个节点差半个音，哪些技巧方面还欠缺等不足之处，相应地给出了建议。

这一番言辞让乐师们惊得下巴都快掉了，没想到一个小小少年竟如此精通音律。岐王也是十分惊奇，心想现在的年轻人还真有两把刷子，他对王维更加感兴趣了。

于是，他马上下令让乐师团队按照王维的建议重新演奏，果然比之前好听了很多。岐王本就是个爱才的人，这下更是感觉挖到宝了，恨不得抓住机会多欣赏一下，就继续邀请王维现场弹奏一曲。

王维也不推辞，爽快答应了。“知兄莫过弟”，弟弟王缙马上就挑了一把琵琶递给哥哥。

王维的琵琶独奏开始了，整个演奏过程如行云流水，丝般顺滑，完全就是“行走的CD”啊！在座的观众都沉浸在音乐里，无法自拔。一曲还没完，他们就都纷纷加入了王维的“粉丝团”。

岐王十分满意，对王维说：“你这小子确实有天赋！我哥宁王最是热爱音乐，还有我弟（薛王），都是惜才的人，到时候我做中间人，介绍你们认识！”王维一听十分高兴，心想这下应该是稳了。

就这样，有了岐王李范的引荐，王维兄弟正式打入长安上层社会的圈子。

日子一天天过去，终于在十九岁那年，王维迎来了他人生中十分重要的一次考试——京兆府试。

小贴士

京兆府即长安及其附近地方的行政区域，相当于现在的首都直辖市。

在这场考试中，十九岁的王维秒杀全场，轻松拿下第一。本就小有名气的他，这下可谓是一夜爆红。许多王公贵族都去结交这个新晋“实力派”。

一次，宁王在家办了一个聚会，叫上了一些王公贵族，当然，还有王维兄弟二人。

上层社会的聚会那是办得相当阔气，王维这两年见识得多了，倒也见怪不怪。倒是王缙，全程嘴巴就没合起来过，感叹这个感叹那个，新奇得不得了。

这不，他马上又被一位隆重出场的女子给吸引了。这女子容貌可以说是惊为天人，不过她好像不太高兴。

这是怎么回事呢？这就要讲到另外一个故事了。

这位女子呢，原来是王府上一个瘸腿饼师的老婆，但是因为长得太美就被宁王看上了。这不，宁王马上就把她给抢过来了。饼师虽然不甘心，但又有什么办法呢？

不过这女子也不是那么好说话的，你把我人抢过来，我的心你可管不住。所以她有事没事就给宁王摆脸子，特别是在一些需要出面“营业”的公众场合，一点儿都不给宁王面子。

宁王可心大得很，他并不在乎。这不，他还让在座的各位文人才子，就着宴会上的珍肴和佳人作诗一首。大家你看看我，我看看你，都不知道该怎么做才好。

这时，王维忽然觉得这个桥段有点熟悉啊，想了一会儿，他便提笔写下《**息夫人**》一诗：

莫以今时宠，能忘旧日恩。
看花满眼泪，不共楚王言。

不要以为今天受到这样的宠幸，就可以让我忘记旧时的夫妻情分。我看着鲜花绽放，却只是默默地流下眼泪，不管怎么样，我都不会跟楚王说话。

小贴士

息夫人，春秋时期的四大美女之一，陈国君主陈庄公之女，因嫁给息国国君，故称息妫（guī）。楚文王听说她美貌绝伦，亲征息国并霸占息夫人。楚文王对她十分宠爱。息夫人虽为楚文王生下二子，但从来不主动与楚文王说话。

这首诗借息妫的故事，既表达了对眼前这位女子的深切同情，也塑造了一位面对屈辱，敢于用沉默反抗的妇女形象。而这份同情本身也暗含了对宁王仗势欺人这种行为的鞭挞。

宁王在读过此诗后，马上就懂了王维诗中的深意。好在他人性未泯，倒也没有恼怒，转头便吩咐下去，让女子与丈夫团聚了。他还让其他文人互相传阅王维的诗作《息夫人》，让他们也见识一下王维的实力。那些人读过之后，都自愧不如。

社交圈子要打开，但是正事儿也不能忘。王维没有参加宴会的时候，就抓紧时间学习功课，毕竟科考时间也快到了。一晃眼，到了开元九年（721年），王维参加科举考试。考完之后，王维自我感觉发挥得还不错。果然，一揭榜，二十一岁的王维高中进士！

王维一看榜，兴奋得不行，马上回家告诉了弟弟王缙，让他“订票”回家跟母亲报喜！一时之间，王维高中进士的消息登顶全国热搜。这下可是彻底出圈了，“粉丝”也都喜闻乐见，抓住机会，见人就告知这个好消息。这一传十，十传百，还没等王维到家呢，母亲崔氏就从邻居那儿得知了这个消息。夸张一点儿说，他家的门槛都快被人踏破了，都是来恭喜王维的！

邻居们也知道这王维是真有出息，冲到王维母亲崔氏面前就是一顿夸。王维母亲一连几天迎来送往的，忙得不亦乐乎，脸上更是笑得合不拢嘴。

由于实力过硬，还有热度加持，王维成功跻身“顶流”行列。朝廷这时也想来蹭一波热度，便任命王维为**太乐丞**，也就是皇家乐队队长。作为状元郎，太乐丞这个职位，虽然不是什么大官，但好在非常适合王维，方便发挥他的音乐天赋。况且，这是个专门侍候皇上的职位，算是近臣，听着也很体面。

到这里呢，王维就正式成了一名有编制的公务员，有固定工资，还有社保，后来他又有了自己的住房，这下他在京城的地位也算是稳定下来了。

第三章

贬官济州

高中进士，还在朝廷当了官儿，当时的王维可谓是红极一时，风头无两。

王维的顶头上司太乐令刘贶（kuàng）特别看好他，让他放开手脚去干。

王维积极性也高，工作干得风生水起。工作半年下来，王维收到了来自同行们的一致好评。

还有一件令王维高兴的事，就是他新交了一位名叫**裴迪**的朋友。

小贴士

裴迪，唐朝著名的山水田园诗人之一。早年他与王维交往甚密，晚年居终南山、辋川，两人来往更为频繁。他的诗很多都是与王维的唱和应酬之作。

两人当初一见面就十分欢喜，聊了之后更是觉得相见恨晚，没多久就发展成了“老铁”关系。

一次，王维跑去裴迪住在终南山的农庄小院串门。裴迪家的这个院子风景特别好，当时正是夕阳西下，天边云雾缭绕，还有鸟鸣和晚霞点缀，安静又美好。

看见如此美景就在自己眼前，王维不由得感叹道：“裴兄啊，以前呢，我以为只有远处才有这等美景，没想到你这里竟然就藏着一块山水宝地。以后我可是会常来的，你可不能不欢迎我啊！”

“摩诘兄，说什么呢，只要你不嫌弃，我家的门永远为你敞开啊！”说完两人相视一笑。

王维心情一好，就诗兴大发，没一会儿，一首《**登裴秀才迪小台作**》就诞生了：

端居不出户，满目望云山。
落日鸟边下，秋原人外闲。
遥知远林际，不见此檐间。
好客多乘月，应门莫上关。

你平常在家不用出门，就能看到云雾缭绕的山峰。夕阳西下，鸟儿朝着晚霞飞去，秋天的原野显得特别安静。从远处我家所在树林那边，想是望不见这小台的。好客的主人啊，我会经常趁着月光前来拜访的，请你不要把院门闩上。

幸福的时光总是过得很快，转眼就到了初秋时节。

在古代呢，一些王公贵族啊，整天没事就喜欢搞聚会，请人一起唱歌看戏什么的。这不，岐王就是其中的一个。

一天，岐王又心血来潮，在家里组了一个聚会，把一些大臣还有一些贵宾级的大咖都给请来了。这聚会肯定少不了伴奏啊，所以王维上司刘晛带着王维也一起来了。

本来都挺正常的，聚会上大家都玩得很开心，就是岐王不知道怎么了，一下就喝嗨了，突然提出一个要求，要聚会上的那些伶人（相当于现在的歌舞演员）舞黄狮子。

这话一说出来，大家都惊呆了。一个个的都不敢说话，也不敢动，气氛一下子就紧张起来了。

小贴士

《集异记》上有记载："黄狮子者，非一人不舞也。"这个"一人"指的就是皇帝。也就是说舞黄狮子这个节目是专为皇帝娱乐而设的，别人不能随便舞，如违禁令，则治重罪。

这岐王明显就是喝嗨了，还没反应过来呢，看见伶人都站着不动，火气一下就上来了，大发脾气：“你们都聋了吗？快给本王舞黄狮子！要不然都给我拖出去斩了！”

王维的上司刘贶看这样僵持下去也不是办法，只能让伶人们先上去舞着。

不过这事可真不是小事，下人们本着“吃瓜不嫌事大”的原则，一传十，十传百，事情一下子就传到了玄宗皇帝那里。玄宗皇帝是个暴脾气，听说后，马上就下令要求严惩。聚会上的人都战战兢兢的，生怕“见者有份”。

岐王酒醒后，知道这下事闹大了，心态一下就崩了。他哪敢担责任呐，这可是要杀头的大事。他只得装傻，说自己喝多了，啥也不知道……

后来怎么个严惩法呢？

太乐令刘贶被流放去安州。刘贶的父亲刘知几，多年担任玄宗史官。他听到消息后，急火攻心，硬撑着跑到玄宗皇帝面前求情。结果玄宗皇帝不但不给他丝毫面子，还连带着把他也一块儿贬到安州去。

岐王则被贬去了华州当刺史。

而王维就比较惨了，这当红小生的瘾还没过足呢，一下就被贬到千里之外的济州去了，还是做一个仓库管理员——**司仓参军**。

只能说这热度来得快，去得也快。作为公众人物，特别是在这京城之中，你的一举一动、一言一行都关系到你的未来。

王维这一下抑郁极了。他见识到了皇族之间的斗争，经历了人前人后的辛酸，更明白了自己即使才华满腹，但在皇帝的一句话面前，什么都不是……

在踏上被贬的路之前，王维去与家人们告别。

母亲看着王维一脸不高兴的样子，就对他说："维儿，上次我读到一首禅诗，不是很懂它的意思，你给我讲讲呗？”

王维赶忙铺开白纸，母亲边念，他就边写：

空手把锄头，步行骑水牛。

人从桥上过，桥流水不流。

小贴士

这首诗据说是南北朝时期的善慧大士所写。大致意思是：抓着锄头，但感觉手是空的。骑着水牛，却说在步行。人从桥上走过，看到的是桥在流动，水却没有流动。

写完后，王维反复读了几遍，他知道母亲是想让自己明白，要保持平和的心态，不要过于在意得失，是金子总会发光的道理。得了母亲的劝解后，王维抑郁的心情总算有了一些缓解。

与家人匆匆一聚后，王维就开始赶路了。千里的路程，王维带着童仆日赶夜赶，长途跋涉了一个多月，终于成功抵达济州。

虽说之前被老妈的鸡汤暖了一波心田，但是真到了陌生又冷清的济州，王维又有点抑郁了。再加上赶路太急留下的后遗症，他的身体一下就垮了，大病了一场。

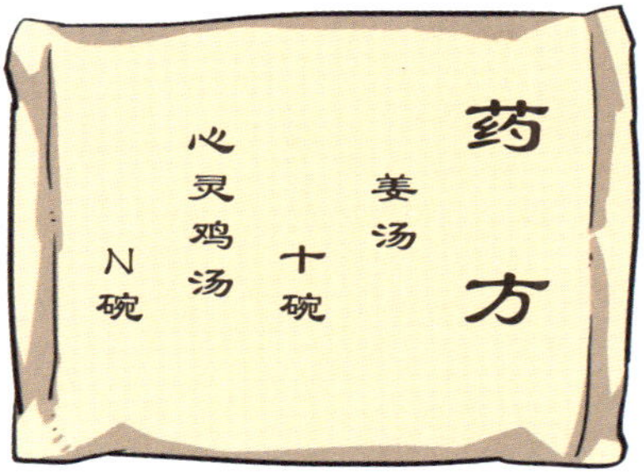

除了受病痛的折磨，王维还要受济州上司的百般刁难，日子过得惨极了。

好在他的上司后来被调走了，新上任的是一个叫裴耀卿的人。这人很有才干，而且人也善良。他早就听说王维的大名，听说王维被贬，心里十分惋惜。他在济州见到王维时十分高兴。

小贴士

裴耀卿，唐睿宗、玄宗时期的名臣，官至宰相。他是天才少年，在济州任职前早已知道王维的才名远扬，到任后与王维很投缘。

裴耀卿常常邀请王维一起去旅游，散心。王维看到领导如此亲切热情，心情好了不少。

裴耀卿这人很有责任心。即便是出去玩，路上遇到喊冤叫屈的，他也立马就在当地办案，行事果断，雷厉风行。所以他的口碑十分不错，当地的老百姓们对他那是句句好评。

王维跟着裴耀卿也见识了不少，认为裴耀卿值得信任，是个不错的好官，便也没了以前那些消极情绪，打算好好跟着上司干。所以后来王维在济州也踏踏实实地做了不少事情。

这边朝廷里，玄宗皇帝把竞争对手都收拾完了之后，突然冒出个念头，他要封禅泰山。

小贴士

“封禅”是指中国古代帝王在太平盛世或天降祥瑞之时的祭祀天地的大型典礼。“封”指祭天，“禅”指祭地。这种典礼一般由帝王亲自到泰山上举行，以此祈求风调雨顺、国运昌盛。

这皇帝要出游，阵仗都大得很，路经之地的官员都得出来接待。这接待可不是那么容易的，给皇帝吃的穿的都得是上好的东西。而且皇帝都要面子，我出来玩，你不热烈欢迎，那就是看不起我啊！

这一来二去的，肯定是一笔大开销了。但是皇帝自己偏又小气，不给报销，所以只得下面接待的官员自己筹钱。

很多官员哪舍得自己掏腰包，便纷纷从老百姓那里“割韭菜”，这就苦了很多老百姓了。

王维所在的济州这次就在出行的规划中。但裴耀卿是个清官，他召开干部大会，明确这次迎接皇帝的一个总原则，就是两个“必须”：

必须让皇帝满意。

必须最大程度降低百姓负担。

不过这事做起来可没那么容易，这不，参会的干部们你一句我一句地开始抱怨，只有一个人旗帜鲜明地表示全力支持。这个人就是王维。

但光喊口号，没有方法也说服不了其他的人，所以裴耀卿就带着王维加班加点，连夜赶出了一套方案。其他干部们虽然心里不舒服，但是看到领导这么坚持，再加上方案确实是可行的，也就默认了。

那段时间，根据裴耀卿的指示，王维带领手下一帮人规划路线、设定库点、储备物资、组织配送、严把质量、突出特色，忙得四脚朝天。

就这样，裴耀卿圆满地完成了迎接皇帝的重任。皇天不负有心人，玄宗皇帝封禅结束后，评价沿途各地的接待工作，夸奖济州的招待最妥帖、组织最有序，也最少扰民。

王维也因为这次事情，再次刷了一波存在感，裴耀卿、张九龄等人都特别看重他，为他后来被重用打下了良好的基础。

不过好景不长，最佳领导兼最佳队友裴耀卿，不久后被调走了，来了一个新的刺史。

这位新刺史明显跟王维不是一路人，跟王维到处不对付，两人显然是无法好好合作的。再加上后来一些官场上的不良作风越来越严重，王维渐渐感觉到自己与官场上的大部分人格格不入，干脆就不站队，也不抢功，工作之余，就看看山，看看水，日子也落个清闲。

贬官济州可以说是王维思想的一个转折点。在看山看水的日子中，王维发觉在当时的背景下，当官不如闲居，逐渐开始有隐居的想法。从他在济州写的《**济州过赵叟家宴**》一诗中就可以看出来：

虽与人境接，闭门成隐居。
道言庄叟事，儒行鲁人余。
深巷斜晖静，闲门高柳疏。
荷锄修药圃，散帙曝农书。
上客摇芳翰，中厨馈野蔬。
夫君第高饮，景晏出林闾。

虽然住的地方并没有远离人境，但是关上门就是隐居了。过的都是庄子一样安贫乐道的生活，做事都符合儒家的道德规范。深巷里夕阳斜斜地照进来十分安静，门口有高高的、稀疏的柳树。每天扛着锄头去侍弄田地，又整理曝晒书籍。客人们挥动妙笔题写诗文，厨房里已经准备好了乡野的蔬菜。朋友们在客厅里畅快痛饮，直到傍晚才离开乡野里门。

这日子，你别说，
越过越上瘾呐！

第四章

一波三折

日子一天一天过去，王维在济州当官的生活越来越无趣。开元十四年（726年）春，玄宗皇帝大赦天下，获罪官员得以赦免，王维便果断辞去这个小吏官职，启程回了长安。

当时正是暮春，在回长安的路上，经过广武城，刚好赶上寒食节。看到外面的气氛十分冷清，多愁善感的他，情绪一下就上来了。这次回长安，王维是又开心，又害怕。开心的是自己终于又重新回到了这里，害怕的是不知道会不会还有下次。朝廷中复杂的政局和险恶的人际关系，让他光是想想就觉得害怕。

想着想着，王维竟不争气地流下了眼泪。眼泪都流下来了，这不作首诗说得过去吗？于是一首《**寒食汜上**

作》就这样诞生了。

广武城边逢暮春，
汶阳归客泪沾巾。
落花寂寂啼山鸟，
杨柳青青渡水人。

来到广武城边时正赶上三月暮春。客子从汶阳归来，泪水打湿了衣襟。落花悄悄地飘落，静得只听到山鸟啼叫。两岸的杨柳青青，树下有要渡水的人。

这流着泪写的诗，伤心的氛围就别提有多浓郁了。从哪儿看出来的呢？前三句的暮春、归客和啼鸟这三个意象就能大概判断了。但是重点落在最后一句，写杨柳青青，多么美好的事物啊，可反观自己，贬谪多年，升迁无望，依依的杨柳更添一段离愁。

果不其然，王维回到长安时，发现一切早已物是人非。

此时的京城已经淡忘了他这个文坛宿将、过气明星。人情冷暖，他自认为早已看透，但是当现实如此真实、冷酷地摆在他面前，他也只能承认，他不是现实的对手。

唯一的好消息是，弟弟王缙考中了“高才沉沦草泽自举科”。不过一听这名字，花里胡哨的，就知道肯定是朝廷拿来忽悠人的！所以弟弟即便考中了，却还是没有官可以当。

内卷天下第一！

在这段时期，王维结了婚。当家了才知道柴米油盐贵，为了维持家人的生计，王维打算跟着好友房琯（guǎn）去淇水之滨的卫县当个小官。房琯是卫县的县令，十分大方，给王维安排了一个轻松的工作，而且工资还不低。

淇水虽然地方偏了点，但好在风景都是原生态，让人感觉十分舒心。比起官场里的那些琐事，王维更喜欢这里平静恬淡的生活。他在这里写下的《淇上田园即事》《淇上别赵仙舟》等诗歌，都展现了他当时所处的环境和所过的生活。

不过，王维在淇上并没有住多久。大概一两年后，他就回到了长安。早年间的名气在这个时候还是发挥了一点作用，当时的宰相张说（yuè）看重王维的才华，推荐他在集贤院担任校书郎。

小贴士

张说，唐朝开元时期的名相，曾三度担任宰相，擅长文学创作，身边聚集了很多文人墨客。

在张说组的一个聚会上，王维认识了孟浩然。孟浩然比王维大了十来岁，早出道几年。前些年一直在长安和洛阳两地来往，交了很多朋友，也陆陆续续认识了一些王公贵族，不过也是为了寻找出人头地的机会罢了。不过好在他凭借才华成功让自己火了一把，王维没认识他之前，就早已听闻他的诗名。认识了之后，更是敬佩不已，两人相当合拍。不过孟浩然科考不顺，在长安谋职没什么进展。

小贴士

孟浩然，唐代著名的山水田园派诗人。后来孟浩然回到家乡襄阳隐居，世称孟襄阳。

一次，孟浩然去找当时在集贤院办公的王维想办法，两人在办公室正聊着，忽然就有人跑进来说，皇上到了。

听说玄宗皇帝来了，大家都十分紧张，孟浩然更是急得脸色苍白、手心冒汗。他在内心感叹，皇上可是大老板啊，而自己啥都不是，见面规矩又不懂，这可怎么办才好？他连忙躲到了屏风后面。

不料，唐玄宗发现了他，因听说过他的诗名，玄宗皇帝便让他展示一下自己的才艺。

孟浩然也不知道怎么了，脑子一下转不过来，居然张口就来了一首《**岁暮归南山**》：

北阙休上书，南山归敝庐。
不才明主弃，多病故人疏。
白发催年老，青阳逼岁除。
永怀愁不寐，松月夜窗虚。

全诗的大致意思是：我不会再向朝廷发表言论了，还是归隐南山好了。没有才能的我被明主抛弃，体弱多病的我被亲友疏远……整首诗满腹牢骚，把自己说得很可怜。

玄宗听到“不才明主弃”这一句时，脸当场就黑了下来。听到最后，他对孟浩然说：“你自己不求上进，还赖我头上了？”说完就气冲冲地走了。

孟浩然听完就瘫坐在了地上，心想这下是彻底“凉凉”了。王维在一旁默默看着，也不知道该怎么安慰。

没想到过了一会儿，孟浩然就突然哈哈大笑起来。王维见孟浩然笑，自己也禁不住笑起来。这时候，孟浩然先说话了。

“贤弟，刚刚我还有点痛心，这会儿却释然了！”

“怎么说？”王维好奇地问。

“我这几年为了在朝当官，四处奔走，现如今被泼了这么一盆凉水后，倒是真的看开了。可能官场就是真的不适合我吧，我现在想彻底归隐，游山玩水去了！”孟浩然爽快地说道。没多久，孟浩然就两手一挥，离开了长安。

送走孟浩然后，王维继续在长安做着校书郎，日子倒也平静。不过，很快有两颗石子打破了这样的平静。一颗是宰相张说在开元十八年（730年）去世了，他对王维有推举之恩，王维也不免为他的去世洒了很多泪水。而另一颗石子，则差点砸碎了王维的心——他的妻子在生产的时候，不幸难产去世了，即将出世的孩子也没有保住。这让王维悲痛万分，他只能不停地回想着曾经与妻子共读的《**相思**》：

红豆生南国，春来发几枝。

愿君多采撷，此物最相思。

红豆生长在南方，每到春天的时候，不知会长多少新枝。希望你多多采摘一些，因为它最能寄托人的相思。

王维借用诗中的红豆来寄托自己的相思。最情深的话往往朴素无华，这里用来表达王维对妻子的思念最合适不过了。

小贴士

《相思》还有一个名字是《江上赠李龟年》，这首诗本身应不是王维为妻子所写，写作的时间也无从考据，暂且借用在这里表达王维对妻子的思念吧。李龟年是当时有名的音乐家，经常出入王公贵族的家中，也很受唐玄宗的喜爱。安史之乱后李龟年流落江南，曾多次为人演唱《相思》。

丧妻丧子之痛给王维带来的打击太大了。他决定暂时辞职，外出散散心。王维先是去嵩山待了一段时间。有《**归嵩山作**》为记。

清川带长薄，车马去闲闲。
流水如有意，暮禽相与还。
荒城临古渡，落日满秋山。
迢递嵩高下，归来且闭关。

迢递（tiáo dì）：遥远的样子。

清清的流水穿过绵延的草木丛林，车马慢悠悠地走着，特别从容、舒适。流水好像有意要送我，傍晚的鸟儿也想跟着我一起前往山中。荒凉的古城靠近年代久远的渡口，夕阳的余晖洒在整个秋山上。远处高高的嵩山脚下，到了就且让我关上门，回归自己的一方净土。

这首诗可以看出王维的心情可谓是一波三折。想到离开官场，王维觉得十分轻松自在，但转念想想又觉得有些悲凉和可惜，毕竟自己的才华没有施展。后来快到家了，又不愿想那么多了，只有随遇而安的淡然与潇洒。

当时还有一些有名的才子也住在嵩山，王维与画家张諲和诗人李颀（qí）等人都是在这里相识的。

小贴士

李颀，唐代诗人，出生在富有之家，他将家财挥霍一空后幡然醒悟，开始勤奋读书，后考取进士，被委以县尉之职，但从此再没有升迁。他喜欢修道，一直到晚年都过着隐居生活。

几个擅长笔墨的人在这山水中相遇，自然成了最知心的朋友。他们没事儿就会一起在山水间散散步，写写诗，画个画，算是日常的一种消遣。独处的时候，王维就静坐思考。

渐渐地，在朋友们的相伴下，王维那刻骨铭心的伤痛缓解了许多。

在嵩山住了一段时间后，王维还曾继续游历，去了巴蜀，还去了荆楚，拜访了当时在襄阳隐居的孟浩然。最后，他回到了洛阳。要不怎么说“读万卷书不如行万里路”呢？游历归来后的王维显然更加成熟稳重了，这时候的他，要是再进入官场，肯定就能游刃有余了。

开元二十一年（733年），张九龄当了宰相。王维在集贤院时，曾与张九龄相识。王维很是崇拜张九龄的风度，张九龄对王维也很是欣赏。

小贴士

张九龄世称“张曲江”或“文献公”，唐朝开元年间名相、诗人，为人刚正不阿、为官清正廉洁，其文采风度、胸怀气度，都有口皆碑，为时人深深敬仰。

王维知道张九龄为相的消息后很是高兴，特意去拜见了张九龄，因为关乎自己的前途和命运，他还认认真真地写了一首干谒（yè）诗。张九龄看到这首干谒诗写得不卑不亢，十分喜欢。他知道文品即人品，如今的王维更适合在官场打拼了。

小贴士

干谒诗，是古代文人为推销自己而写的一种诗歌，类似于现代的自荐信。

就这样，在一代名相张九龄的提拔下，三十多岁的王维做了**右拾遗**（从八品上）。

小贴士

拾遗：唐朝及后来朝代设置的言官，分左、右拾遗。相当于当代的监察兼助理机构。

第五章

出使凉州

被张九龄提拔后，王维擢升为右拾遗。一想到自己的伯乐张九龄也是在前宰相张说的提携下，从这个职位一路做到宰相，王维觉得自己也能在张九龄的提拔下实现自己的理想。

小贴士

张说对张九龄颇为赏识，去世前曾多次向唐玄宗举荐张九龄。张说病逝后，唐玄宗想起他的万般好处，决定重用他推荐的人，张九龄因此坐上了升官快车道。

王维的朋友们也相继有好消息，如以前和王维一起隐居嵩山的好友李颀考上了进士，得到了一个新乡县尉的官职。他去赴任前，给王维和另一个好友留下了一首诗《留别王卢二拾遗》，诗中说“此别不可道，此心当报谁”，意思是我太舍不得你们了，就不要当面道别了。“留书下朝客，我有故山期”，意思是留下这首诗道别，来日再在嵩山相会。我们不得不感叹文人间的交往真是纯粹啊！

在朝廷上班，工作可丝毫马虎不得。别人是朝九晚五，到了王维这，996都不算什么。每天天不亮，他就起床上朝，整个过程都十分谨慎，再困也得打起精神。不过全新的工作让王维觉得有奔头，于是他一改往日的“咸鱼”状态，每天像打了鸡血一样，干劲满满。

开元二十四年（736年），张九龄的同僚李林甫在玄宗皇帝面前说张九龄的坏话，导致张九龄被免去了相位。牛仙客当上了新宰相。后来，监察御史周子谅上书弹劾牛仙客没有宰相之才，因引用谶（chèn）语触怒玄宗皇帝，被当场打死了。周子谅当初是由张九龄举荐当的官，李林甫这个小人又趁机出来说张九龄的坏话，导致张九龄也受到牵连，被玄宗皇帝贬到了荆州。

小贴士

李林甫精于权谋。张九龄反对唐玄宗升迁学识不高的牛仙客，李林甫私下却对唐玄宗说：“只要有才识，何必满腹经纶？天子用人，有何不可？”不久牛仙客取代了张九龄成为宰相，从此对李林甫感激涕零，言听计从。

李林甫专横又猖狂，王维虽然是个谏官，但什么都说不了。王维觉得自己这个官光有个名头，却什么都不能为伯乐做，心里非常愧疚。他想辞职，但是伯乐张九龄临走前对他说：“王维啊，你可不能走，你走了朝廷就没几个好官了。就算是占着茅坑，也不能让给坏人。”

张九龄到荆州后，王维对他很是想念，还写了一首诗寄给了远方的伯乐，即《**寄荆州张丞相**》：

所思竟何在？怅望深荆门。
举世无相识，终身思旧恩。
方将与农圃，艺植老丘园。
目尽南飞鸟，何由寄一言！

我思念的人在哪里呢？我只能惆怅地遥望那远远的荆州。在这世上终究没有真正了解我的人，您当日提拔的恩情，我终生都不会忘记。如今您遭遇贬谪，可以回归田园，我也想与您一道去种植花草。看到往南飞的鸟儿匆匆经过，真想让它们把我的思念带给荆州的故人。

诗中一方面表达了王维对伯乐的感谢，另一方面也流露出他还是想归隐田园，觉得这官场的生活始终不太适合自己的想法。

正当王维在自我烦恼的时候，他的愿望马上就实现了。开元二十五年（737年）秋天，唐玄宗让他到凉州出一趟差，还封了他一个监察御史的身份，任务就是去慰劳一下刚刚击败吐蕃的崔希逸大军，顺便搞个庆功宴。

这下李林甫可开心了，他一直觉得王维和张九龄关系好，肯定会帮张九龄报仇的，但是现在王维被派去那么远的地方，自己也省了点心。而王维呢，倒也落了个轻松，他早就想离开京城这个是非之地了，现在被派到外边出差，还是风景绝美的凉州，多少人想打卡还得排队，自己高兴还来不及呢！

小贴士

凉州，在现在的甘肃省境内，在唐代是重要的军事要塞，也是丝绸之路上的重要据点。

于是王维就高高兴兴地接受了这个任务，稍微打包了一下行李，赶紧出发了。出了原州（今宁夏固原），王维一路欣赏风景，一点一滴都记在了心里，心想着，

这么辽阔的风景是多好的素材啊！自己以后写诗肯定用得上。

一天，经过萧关的时候，王维看到前面站着一排守卫的士兵，心想，总算是看到人了。这几天全是风景，一个人影都没见着，自己都快看腻了。有一个人把他们拦了下来，大声问道："谁啊？从哪儿来，到哪儿去啊？"

王维身边的随从回答说："监察御史王大人是前来慰劳你们的，快快迎接。"

那个士兵听了，吓了一跳，连忙说："不好意思，恕我眼拙！"

王维欠身道："没事没事，是你们辛苦了才对。请问崔大人现在在凉州吗？"

"将军现在不在凉州，不过等您到了凉州，将军肯定已经回去了。"

当天晚上，王维就在萧关住下了。躺在床上的时候，他把白天见过的风景和遇到的事在心里回味了

一遍，灵感突然就来了，接着就写下一首诗《**使至塞上**》：

单车欲问边，属国过居延。
征蓬出汉塞，归雁入胡天。
大漠孤烟直，长河落日圆。
萧关逢候骑，都护在燕然。

乘着车将要去往边关慰问将士们，刚刚才经过远在西北边塞的居延。边塞的北风吹得蓬草随风而去，远处归来的大雁也飞往北方的天空。浩瀚的沙漠中，一缕烟雾直冲云霄，长河边上一轮落日正圆。在萧关见到了那里的侦察兵，才知道主帅就在不远的燕然。

这首诗中的名句“大漠孤烟直，长河落日圆”中的“直”和“圆”两字便把大漠的那种辽阔和空旷刻画得十分到位。大漠的风光如此美丽，王维的心灵自然也跟着开阔了起来。

到了凉州，王维果然看到崔希逸将军已经回来了，当下便给他颁奖。但是崔将军领奖的时候却看着不太兴奋的样子，王维有点纳闷。待了几天后，崔将军就带着他去四处走动，欣赏当地的风土人情。

一天，快要日落的时候，王维听见吐蕃那边有动静，心里有点紧张。崔将军告诉王维，这是吐蕃人在打猎，顺便还带他去见识了一下。

崔将军告诉王维，这些吐蕃人表面上看着像是在打猎，其实是在刺探军情，一看见我们有点偷懒的样子，就会马上打过来。

王维这时又看见崔将军皱着眉头，就问他："从我来到凉州，就没见将军的眉头舒展开过，是有什么心事吗？不妨说来听听。"

崔将军叹了长长的一口气，便跟王维说起了自己的心事：

"早前的时候，我为了让两边百姓能安心耕种放牧，过上平静的生活，就跟吐蕃统领乞力徐约定，双方都把守卫给撤了，两边的百姓就像一家人一样生活。刚开始乞力徐还有点不放心，是我对天发誓，表示诚意，他这才最终答应。两边百姓也终于过了一段和平时光。

“没想到，我身边竟然出了个小人，想邀功，就到朝中出馊主意，要打吐蕃。皇上派了个奸臣和他一起来凉州视察，这个奸臣为了邀功，竟然假冒皇帝的命令，让我带兵突袭吐蕃人。我是极不情愿，但又只能奉命行事。这一仗虽然打赢了，可我违背了当初对他们的承诺。我对不起乞力徐，更对不起两边的百姓啊！目前这样的日子虽然暂时平静，但是我心里总归是不放心，而且十分内疚，生怕双方再打起来，打破和平的生活。这都是我的错啊！”

王维听得傻眼了，没想到这次的胜利原来还有这样的内幕。看到崔将军这么自责，王维就只好安慰他说：“这事不能怪将军您，只能怪那些自私自利、目光短浅的小人！和平的生活来之不易，我们在这里是为了守护百姓的。希望双方能长期维持和平。”

王维在凉州生活期间，对边塞将士们的生活也有了一些了解，他还写了一首《**从军行**》来记录将士们紧张的军旅生活。

吹角动行人，喧喧行人起。
笳悲马嘶乱，争渡金河水。
日暮沙漠垂，战声烟尘里。
尽系名王颈，归来报天子。

号角声起，惊醒了将士们，喧喧嚷嚷也投入战斗。胡笳悲鸣，战马嘶鸣着，双方争抢着渡过金河。日暮降临，沙漠里的烟尘中，还激荡着战士们的厮杀声。最后战士们打败了敌军，擒获敌人首领，回来进献给了当朝天子。

转眼到了冬天，王维来到凉州也有几个月了。这天，王维看到一个士兵上交了一封军书。崔将军看完后，马上又写了一封信让来人带走了。看着王维有些担忧的样子，崔将军就让他别担心，不是什么大事，说是西北都护府的来信，信中交代敌人在围攻酒泉城，他已经派兵前往增援了。王维听后，感叹崔将军的沉着冷静，便提笔写下一首《**陇西行**》：

十里一走马，五里一扬鞭。
都护军书至，匈奴围酒泉。
关山正飞雪，烽戍断无烟。

军使十里又十里地纵马飞驰，五里又五里地扬起鞭子，十分急切。西北都护府的军使传来了加急的军书，匈奴的军队已经将西域重镇酒泉团团围住。边关的原野已大雪纷飞，烽火无法点燃。

这首诗中，王维选择了一个独特的角度来写边塞战争。他的着眼点既不在前方战事如何紧张，也不在后援军该如何行动，而是抓住军使飞马告急这样一个点来写。诗中表现出一种热烈、镇定和充满自信的态度。

没什么精神压力，王维在凉州的生活过得十分舒适。但好景不长，到了五月份，李林甫搞了个河西节度使的兼职，崔将军被安排调走，去担任河南尹。一天晚上，崔将军设下酒宴向大家告别。酒宴过后，崔将军把王维留了下来，他自知去河南后身体撑不了多久，就想着拜托王维两件事。

首先这第一件事，就是崔将军一直想为死去的岳父做一场法事，表一表自己的心意，他见王维文采极佳，对佛法又有些研究，就想让王维帮忙写篇祭文。

还有一件呢，就是失信于吐蕃这事了。如今他正当壮年，可是身体已经有些垮了，也许这是上天给他的惩罚吧。为了表示忏悔，崔将军决定让他的一个女儿出家，替他赎罪，拜托王维来主持操办。

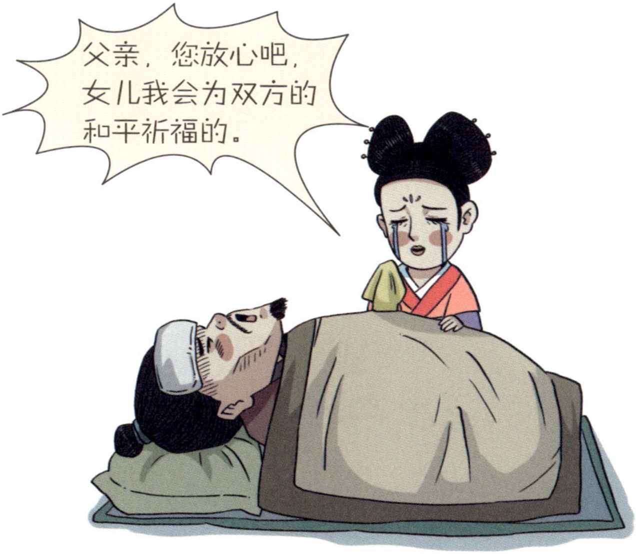

王维听了有点不知道该怎么回答，想了一会儿才说：“崔将军，第一件事倒是好说。只是这第二件，您

问过您女儿的意见了吗？”崔将军马上回答说已经取得了女儿的同意，王维这才答应下来。

崔将军不久便上路了，王维徒步相送，望着崔将军的车马渐渐消失在远处，内心一阵酸楚。

崔将军去到河南不久，还是对之前违背了对吐蕃承诺的事情惴惴不安，心病难医，身体越来越垮，最后郁郁而终。

第六章

南下迭官

王维从凉州回到长安后，生活还是之前那个老样子，他顶着一个监察御史的小官帽，在朝堂上面战战兢兢的，啥也不能做。

开元二十八年（740年），王维接到新的任务——去桂州做“知南选”。

小贴士

唐高宗时，在岭南的桂州，也就是现在的广西桂林设置了一个临时机构，负责南边的官员的考核选拔，被派往负责这项工作的官员叫“知南选”。

王维接到任务后，准备准备就从长安出发了，他经过蓝田、商洛、武关、内乡到了南阳地界，在靠近南阳郊外的一个名为“临湍驿”的酒店住宿。

巧的是，王维在这里遇到了佛教禅宗七祖——神会大师，二人相见十分高兴，晚上便一起在房间内探讨佛法。讨论过后，神会大师惊讶于王维的才华，想让他为圆寂了的禅宗六祖慧能大师撰写碑文。王维也欣然接受，作了《六祖能禅师碑铭》，流传后世。

因为有任务在身，待了几天后，王维就和禅师告别，走水路前往襄阳。

当时在任的襄州刺史是王维的“粉丝”，这次听说王维要来，早就在襄阳城外等他了。看见偶像，刺史十分兴奋，不仅请偶像吃饭，还带着偶像到处逛街，欣赏美景。

襄阳最有名的地方要属汉江了，这不，他就带着偶像泛舟湖上，欣赏汉江的大好风光。刺史想亲自见识一下偶像的实力，便提出让偶像就着这美好风光作诗一首。王维心想，我说怎么带我又吃又喝的，敢情在这等着我呢！

盛情难却，王维便即兴来了一首《**汉江临眺**》：

楚塞三湘接，荆门九派通。
江流天地外，山色有无中。
郡邑浮前浦，波澜动远空。
襄阳好风日，留醉与山翁。

汉江流经楚地，又汇入三湘之水，西起荆门往东与九江相通。江水浩渺，仿佛流到了天地之外，山色朦朦胧胧，似有似无。郡邑好像浮在水面上，水天相接之处，波澜起伏。襄阳的风景让人着迷，我愿意留在此地陪伴山翁，一起沉醉在这美景之中。

面对如诗如画的美景，王维只用寥寥数笔，就得以完美表现，给人一种美的享受。不愧是大才子啊！诗一作完，刺史就忍不住连连称赞，同时也十分欣慰，自己的偶像果然是实力派的！

虽然早就习惯了这种场面，不过这么狂热的粉丝王维还是头一次见。王维不好意思地笑了笑，谦虚了一下。

和刺史粉丝告别后，王维想去不远的荆州拜访一下伯乐张九龄，却得知他在回老家替先人扫墓的路上突然染病去世了。王维知道后，久久愣在原地，迟迟无法接受。

张九龄的去世，也让玄宗皇帝觉得悲伤。虽说玄宗皇帝平常总是嫌张九龄说话太直太难听，但是，毕竟当时国家治理得这么好离不开张九龄的努力。所以后来李林甫向他推荐官员人选的时候，唐玄宗都忍不住怀念起张九龄来，老是要问问："这人比得上张九龄吗？"

王维从伯乐去世的伤痛中缓过来后，想到好友孟浩然也住襄阳，就直奔他家，自己可是有好多话想和孟兄说呢。但是到了孟浩然家门口时，王维看到院子冷冷清清，门前还挂着白幡。

王维的心咯噔一下，紧张起来。一进门，他赫然就看见桌上摆着孟浩然的灵牌。王维顿时失魂落魄，心痛万分。他眼中的泪再也止不住了，跪在孟浩然灵前放声痛哭了起来。

孟夫人走出来，看到这场面，强忍住悲伤，扶起王维。王维看到孟夫人，忙问起事情的前因后果，毕竟孟浩然去世得也太突然了。原来，孟浩然是因为背后毒疮发作，太过严重，大夫也没了法子，就这样撒手去了。人死不能复生，王维狂哭一场后，安慰了一下孟夫人，留下了身上的钱，摇摇晃晃地离开了。回到酒店后，王维依然沉浸在悲痛中不能自拔，便就此写下一首《**哭孟浩然**》：

故人不可见，汉水日东流。
借问襄阳老，江山空蔡州！

故人已经再也见不到了，那日夜不停的汉江却依然东流。请问那个自称襄阳老的孟浩然哪里去了？眼前江山依旧，却无人再同游蔡州！

诗中不仅表达了自己对故友去世浓浓的哀伤，也借助这襄阳的山水，侧面烘托出孟浩然的隐士风采。在王维心中，他的孟兄早已和这山水融为一体，以至于王维看到这片江山，就不禁想起他。

在襄阳停留了几日，王维带着悲伤的心情继续赶路，终于到达了南行选官的目的地桂州。在桂州的这半年里，他上班就协助考核官员，下了班就去山水之间漫步散心，让自己沉浸在大自然里，以此排解心中的愁苦。他用大半年的时间把桂州游了个遍。

南选工作结束后，王维就启程返回长安。此时的长安依旧是歌舞升平，但开元盛世其实即将接近尾声，一个新的时代即将开启。

在过去的这段日子，王维经历了妻子、好友的离去，深感世事无常，因此更加勤勉地钻研佛理，以开解自己，对佛道也参悟得更加透彻了。他对升迁一事已经看淡，况且现在朝中李林甫掌握权势，王维没有力气也不屑与他对抗。

第七章

半隐终南

开元二十九年（741年）春天，王维从桂州回到长安，发现朝廷的风气越来越差。不仅朝政无人好好管理，玄宗皇帝与杨玉环更是日日腻在一起。而李林甫为了讨好玄宗皇帝，马屁都拍肿了，在朝中的权力也是越来越大。朝中可以说是一片乌烟瘴气。

王维却不想管这些，上班之余，他只想去旅游散心。恰好这时他偶然遇到老铁裴迪和表弟崔兴宗，得知他们现在和画家张諲（yīn）都已经住到了终南山上，打算在那里修养身心，长住一段时间。他们邀请王维也去终南山买个房子，好一起喝酒品茶，畅叙友情。

小贴士

崔兴宗，唐代诗人，早年隐居终南山，与王维、裴迪等游览赋诗，琴酒自娱。

王维曾去过终南山，很喜欢那里的环境。他想，自从孟兄以及几个好友都相继离开之后，自己也好久没和朋友们一起聚了，不如趁这个机会，去寻个隐居之所，排遣一下这段时间的郁闷心情。

于是王维安排好手头工作后，便高高兴兴地去了。

来到终南山脚下，看着天色越来越暗，一路上也没什么人，王维有点担心晚上的住宿要怎么解决。好在他看到山溪对岸有个樵夫，便请他帮了忙。一路奔波，想到离朋友们越来越近了，王维兴起，吟出一首《**终南山**》：

太乙近天都，连山接海隅。
白云回望合，青霭入看无。
分野中峰变，阴晴众壑殊。
欲投人处宿，隔水问樵夫。

高高的终南山直插云霄，几乎要与天都临近。连绵不绝的山峰，一直绵延到遥远的海边。山顶的白云连成一片，走进山中却发现缭绕的雾霭不见了。中间的山峰将山分作南北两边，山南山北因此有了不一样的气象。想在山中找个人家去投宿，隔水询问那樵夫是否方便。

这首诗，王维从各个角度描写出了终南山的雄伟壮丽，读来让人仿佛身临其境。王维将诗与画结合起来，真正达到了“**诗中有画，画中有诗**”的境界。

不久，王维便在山脚相中了一套房子，从此开始了半官半隐的生活。

终南山下，远离京城的各种纷扰，王维觉得这房子买得真是值了。一天，他出门打算去四处逛逛，在路上发现一条小溪。他顺着这条小溪一直走，想去看看源头是什么样子。小溪弯弯曲曲穿过密林，时而缓，时而急。溪声淙淙，叮咚作响，清脆悦耳。随着水声越来越大，一道瀑布出现在他的眼前，挂在山头，十分壮观。

欣赏完瀑布，王维找了个地方坐下来，放眼望去，远处的天空中飘着变幻的云雾，多美啊！王维的思绪随着云雾一起飘啊飘，飘去了很多地方。

过了一会儿，王维似乎想通了很多事情，心情大好，他站起身来，准备再去走走。这时他碰到一位上山砍柴的老大爷，两个人一路上有说有笑的，都忘了要回家了。

当天晚上，王维就把白天的经历写成了一首《**终南别业**》：

中岁颇好道，晚家南山陲。
兴来每独往，胜事空自知。
行到水穷处，坐看云起时。
偶然值林叟，谈笑无还期。

中年以后特别喜欢钻研佛道，到了晚年就住到了终南山脚下。兴致上来的时候，就会独自一人出行游玩，这其中的乐趣只有自己能体会。有时候会走到水的尽头去找寻源头，或者坐在那里看看远处千变万化的云雾。偶然碰上了那山间的老人，便与他说说笑笑，不知不觉竟忘了回家的时间。

这首诗没有具体描绘提到的景物，却表现了诗人隐居山间时悠闲自得的心境。在“行到水穷处，坐看云起时”这句中，诗人将流水和云彩这两种代表着宁静和闲适的意象融为一体，将悠闲的状态展现得淋漓尽致。诗人就像一位世外高人，不问世事，在这山水之间畅游。

这一年，王维上班之余便四处散心，时不时收到朋友的来信，约着一起去旅旅游，聊聊天之类的。这不，这天好友皇甫岳给他写了一封信，让他来自己这边春游赏花。王维一看十分高兴，兴致勃勃地跑过去，结果发现好友家里的大门上了锁。被好友“放了鸽子”，王维虽然生气，但也只好在附近溜达溜达等好友回来。时间很快就到了晚上，附近的风景在夜晚显得更加迷人，他的注意力一下就被吸引过去了。

王维看着天上的月亮、地上的落花，听着远处时有时无的鸟叫声，灵感突然涌现，一首《**鸟鸣涧**》就这样成了：

人闲桂花落，夜静春山空。

月出惊山鸟，时鸣春涧中。

四周寂静无人，只有桂花在无声地飘落。宁静的夜色，使这春日的山谷显得更加空空荡荡。月亮出来了，却不小心惊动了山中正在休息的小鸟，它们的叫声便在春天的溪涧里不时地回响。

在这首诗中，王维用花落、月出、鸟鸣等活动着的景物，以动衬静，巧妙地刻画了春夜空山的幽静、美丽。这种反衬的手法，一下就把王维的禅心与禅趣给表现出来了。

又有一次，王维来到长安郊外的古刹——香积寺。他沿着小路来到后院的禅房。房前花木茂盛，有一个不大的水潭。潭边有一位上了年纪的老僧人在打坐。王维悄悄走过去，也在旁边打起坐来。过了差不多半个小时，老僧人睁开眼，对王维说："施主倒是与佛有缘，敢问今天来此，所为何事？"

王维诚恳地回答："晚辈字摩诘，学习佛法多年，早就想来贵寺一游，今天正好得空，便想进来参观参观。"

"摩诘，就是那位写《六祖能禅师碑铭》的王摩诘？今天咱俩见面就是有缘，你就在这里多留几天，我们也好交流切磋一下。"王维很高兴，就答应了。

临走前老僧请求王维留下墨宝，王维挥笔写下了千古名作《**过香积寺**》：

不知香积寺，数里入云峰。
古木无人径，深山何处钟。
泉声咽危石，日色冷青松。
薄暮空潭曲，安禅制毒龙。

不知道香积寺在哪座山中，走了数里，进入了白云缭绕的山峰。古木参天没有人行的路径，却听到深山里传来古寺鸣钟。泉水流过崖石，发出呜呜的声响，日光照在青松上，让人感到寒意袭人。日暮时分来到空寂的潭边，安静地修禅收服心中的邪念。

这首诗描绘的是诗人探访香积寺的过程，也是诗人修行的过程。古寺所在的环境、钟声以及泉水声都使诗人的心情逐渐沉淀下来，最后看到深潭，诗人静坐下来，便顿悟了。

在香积寺度过了几天，王维已经能够安然地修禅，抑制自己内心欲念的毒龙了。

公元742年，玄宗皇帝将年号“开元”改为“天宝”。改了年号，自然要有新气象，玄宗皇帝大赦天下，并对朝中官员加官封赏，王维因此升了官，当了**左补阙**。

小贴士

补阙，唐代官名，职责是对皇帝进行规谏及举荐人才，分左右补阙。

升官之后的王维比之前显然会忙碌一些，还要经常陪着皇帝搞搞活动什么的。不过他依然会忙里偷闲，在山水美景之中放松自己。

天宝三载（744年），在老铁裴迪的帮助下，王维又发现了一个放松身心的福地洞天——蓝田辋（wǎng）川。在那里，他又将开始一段全新的隐居生活。

第八章

隐居辋川

蓝田县城在长安城东南方约四十里处，以盛产美玉闻名，这里山清水秀，风景宜人。蓝田县城东南三十里处，便是辋川，王维的新别墅就坐落在辋川孟城坳中。

这栋别墅原来是武则天时期的大臣宋之问的，当年他看上了辋川这块山水宝地，就在当地修建了一栋别墅，闲时幽居于此。后来他去世了，别墅就闲置了，直到被王维买了下来。

小贴士

宋之问，唐朝武则天时期诗人，他的诗多是歌功颂德之作，文辞华丽。他有才华，但趋炎附势，德行有缺，后因犯事被唐玄宗处死。

经过两三个月的精装修，王维的辋川别墅焕然一新，他和弟弟王缙把母亲接过来一起住，好让母亲在这里更方便地潜心修佛。新家的环境特别好，有山有水，开门就能遇见美景。这不，王维就在这里写下了七首《**田园乐**》，来描写此处生活的美好。我们可以看看其中的第六首：

田园乐（其六）

桃红复含宿雨，
柳绿更带春烟。
花落家童未扫，
莺啼山客犹眠。

桃花瓣上还含着昨夜的雨珠，嫩绿的柳树笼罩在一片烟雾中。许多花瓣被雨水打落，家童还未来得及打扫，几只黄莺正欢快地叫着，住在山林中的人还没有醒来。

全诗采用白描手法，刻画了令人陶醉的春日山庄美景。桃花在雨水冲刷下更加明艳动人，柳条在一片水雾中更加袅娜迷人。黄莺啼叫，山客犹眠，一动一静，给人一种欢快又舒适之感。

时间飞逝，夏天到了，王维打算好好感受一下新家附近的环境，探索一下大自然。然而天公不作美，一连几天都在下雨。过了几天，雨停了，王维终于憋不住了，再不出去走走他就要“发霉”了。他慢悠悠地往旁边的山林走去，看到远处炊烟缓缓升起，一个妇女提着饭菜往田间走去。

憋闷了好几天的王维，呼吸了雨后林间的新鲜空气，体会着人间的烟火气息，感觉自己顿时被注入了新鲜的血液，心情大好，这种时候怎么能不写诗记录下来呢？于是一首《**积雨辋川庄作**》便诞生了：

积雨空林烟火迟，蒸藜炊黍饷东菑。
漠漠水田飞白鹭，阴阴夏木啭黄鹂。
山中习静观朝槿，松下清斋折露葵。
野老与人争席罢，海鸥何事更相疑。

下了很久的雨后，山林中缓缓升起了炊烟，人们蒸藜炊黍，送饭给在田中劳作的人。在空旷的水田上方，一行白鹭缓缓飞过，夏日里浓密的树荫中时不时传来黄鹂婉转的啼声。我静静地观赏山林里遍地盛开的木槿花，一直喜吃素食，所以采摘了一些还带有露珠的秋葵。野老（我）已经不拘形迹，放下心机，不知海鸥为何总是猜疑？

小贴士

“海鸥”一句用了《列子·黄帝篇》中的一个典故：海边有人与海鸥相亲近，互不猜疑。一天，这个人的父亲要他把海鸥捉回家来，他又到海边去时，海鸥便飞得远远的。心术不正破坏了他和海鸥的亲密关系。这里借海鸥喻人事。

全诗写了诗人在夏天雨后观察到的场景，“漠漠水田飞白鹭，阴阴夏木啭黄鹂”两句，将白鹭、黄鹂、广阔的水田和幽深的夏木这四种色彩明暗不同的景物构成一个画面，使它们互相对比映衬，十分逼真地再现了积雨天气空蒙迷茫的色调和气氛。

王维的好朋友裴迪和崔兴宗都把自己在终南别业的房产卖掉，跟着王维来到了辋川。这里有山有水，有家人还有朋友陪着自己，王维的日子别提有多滋润了。

裴迪和王维经常结伴一起出游，走山路的时候就拄一根拐杖，你搀着我，我搀着你。走不动了就去坐船，生活十分惬意。

王维非常感谢裴迪一直陪着自己，也没什么好送给他的，就送了他一首《**辋川闲居赠裴秀才迪**》：

寒山转苍翠，秋水日潺湲。
倚杖柴门外，临风听暮蝉。
渡头余落日，墟里上孤烟。
复值接舆醉，狂歌五柳前。

寒冷的山野变得更苍翠了，秋日的溪水日夜缓缓流淌。我拄着拐杖伫立在茅舍的门外，迎风聆听着那暮蝉的吟唱。渡口只有西下的落日，村子里升起缕缕炊烟。又碰到狂放的裴迪喝醉了酒，在我面前唱歌。

王维还花钱把辋川一带修整了一下，依据原本自然形成的美景以及前人留下的古迹稍加改造，就形成了“辋川二十景”。

王维和裴迪携手游览这二十景，每到一个景点，王维总会先作一首五言绝句，裴迪再和诗一首，这些诗后来被收录到《辋川集》中，流传于世。

小贴士

辋川二十景的主要景点有孟城坳、华子岗、文杏馆、鹿柴、竹里馆、辛夷坞、白石滩、漆园、椒园等。

这天，两人来到幽静如画的鹿柴。空幽寂静的山中，忽然传来人的说话声，让空灵毓（yù）秀的山谷显得更加亲切、可爱。王维写下《**鹿柴**》一诗记录下此地的美好。

空山不见人，但闻人语响。
返景入深林，复照青苔上。

幽静的山谷里看不见人，只听到人说话的声音。落日的余光映入了深林，又照在幽暗处的青苔上。

这首诗虚实结合，通过写声音展现山的空寂，又通过写夕阳的光照来体现山的幽冷，简直一绝！从诗中可以看出诗人对大自然的事物观察得十分仔细，同时也展现出了诗人孤寂清幽的精神世界。

上班的时候，王维总是小心地避开朝廷上的纷争；下班了，王维就放下官场的琐事，将自己置身于大自然的秀丽风景中，让自己的灵魂得到休养。慢慢地，王维逐渐在工作和休息中找到了一种平衡，适应了这种半官半隐的生活，甚至越来越享受。

而此时的朝廷却是内忧外患，一片混乱：朝廷内，玄宗皇帝整天就和杨玉环过着二人世界，啥也不管。朝中大权已经被李林甫掌握，他在朝中快速拉拢自己的势力，不断将与自己作对的人扫地出门。朝廷外，安禄山逐渐积蓄大量兵马，欺瞒朝廷，蓄意造反。

王维没有随波逐流，而是选择做好自己。他谨记张九龄的叮嘱，坚守自己的岗位，为江山社稷和人才录用尽心尽力。

天宝四载（745年），王维又升职了。他从左补阙升到了侍御史，奉命出使榆林、新秦二郡。这两处地方都在遥远的北方，即荒凉的塞外。

小贴士

唐朝侍御史的任务是“掌纠察内外，受制出使，分判台事”，王维担任这个职务，督察边防工作。

路上经过咸阳，看天色已晚，王维就和随从找了一家酒店住下。早上下了一场小雨，空气十分清新。王维起得早，正在小院里溜达。突然，一个陌生的声音响起。

“王大人，是你吗？”

王维回过头去看，觉得眼前的人眼熟得很，但就是想不起来叫啥了，场面一度十分尴尬。

对面的人看王维愣住了，猜到他已经不记得自己，就先开口打破了尴尬："王大人，我是元二呀，你看我们很久没见面了，你都快认不出我了！我这次奉命去安西都护府，你呢？"

“我也是去出使的！不过咱俩方向不同，能在这遇上也是有缘！”王维说。

老朋友相遇，两个人都很开心，当下便决定一起去下馆子，吃饭喝酒。酒过三巡，王维想到马上又要分开了，心中觉得有些不舍，便想着作一首诗送给朋友，《**送元二使安西**》就是这么来的。

渭城朝雨浥轻尘，
客舍青青柳色新。
劝君更尽一杯酒，
西出阳关无故人。

浥（yì）：使……湿润。

渭城早上的细雨打湿了路面的尘土，青砖绿瓦的客栈和屋外的柳条显得更加色彩明亮。劝朋友你再喝上一杯吧，向西出了阳关就很难遇到旧友了。

这首诗没有写离别时的情形，而是从“西出阳关无故人”入手来表现惜别之情，抒情气氛十分浓郁。

渭城（在今陕西咸阳）是唐朝的一个交通枢纽地，也被人们称为“送别地”，在此地送别的人都被王维这首诗打动了。他们情不自禁地反复吟唱：“劝君更尽一杯酒，西出阳关无故人。”

慢慢地，一传十、十传百，这首诗红遍了大街小巷，歌女们把这首诗融进唱腔里，使之成为唐人送别歌单里的热门歌曲。

小贴士

《送元二使安西》这首送别曲，因为第一句是“渭城朝雨浥轻尘”，又名《渭城曲》，曲中后三句都唱两遍，又叫《阳关三叠》。

而在王维的送别歌单里，还有一首也十分火爆，曾多次登上热门音乐榜首。那就是他曾在山林中送别某位

好友时，写下的一首《**山中送别**》：

山中相送罢，日暮掩柴扉。
春草明年绿，王孙归不归？

在山中将朋友送走之后，正是夕阳西下，我回家关上了柴门。等到明年春天来了，春草再绿的时候，朋友啊你能不能回来？

这首送别诗，诗人不写离别时的依依不舍，而是着重描写送别后愁思难以排解的细节活动；不写对朋友的深切思念，而是进一步写希望不久后能重聚的心情。通过对能否重聚的担心，渲染了更加浓厚的关切之情。

元二走后，王维就和随从继续上路了，王维此时已有四十多岁了，不像小年轻一样能赶路，他们走了很久才到目的地。

塞外的将领都没见过大明星，再加上王维之前就累积了超高的人气和国民好感度，所以将领们对于王维的到来十分高兴，工作也十分配合，因此王维这次任务完成得十分顺利。

王维在塞外待了大半年，天宝五载（746年）春天，王维返回了长安。到朝廷交差后，他马上就飞奔回了自己日思夜想的小天地——辋川。

到家之后，王维才知道好友们早已等候多时，准备好了一桌酒菜给他接风。酒足饭饱之后，王维就和好友们一起出去散步，一路上聊了很多，充满了欢声笑语。

他们在路上还碰见了附近的乡亲们，乡亲们也热情地跟他们打招呼，王维顿时就被这种淳朴简单的生活小幸福给击中了，于是一首《**辋川别业**》就这样产生了。

不到东山向一年，归来才及种春田。

雨中草色绿堪染，水上桃花红欲燃。

优娄比丘经论学，伛偻丈人乡里贤。

披衣倒屣且相见，相欢语笑衡门前。

屣（xǐ）：鞋子。

没来东山已经将近一年，归来正好赶上耕种春田。细雨中的草色绿得可染衣，水边的桃花红得如火将要燃烧。从事经论学的有道高僧，年老伛偻了的超逸乡贤，披着衣服倒穿着鞋子就出来和我相见，我们站在柴门前开怀谈笑。

时间过得很快，玄宗皇帝仍旧沉迷享乐，李林甫行事越来越猖狂。殊不知，此时已是暴风雨来临前的平静。王维在动荡的朝局中保持着自我，他在不争不抢中循例升为从六品上的**库部员外郎**，秉持着自己的原则，认真负责地做着本职工作。

小贴士

唐朝的“库部员外郎”相当于现在国防部主管军需装备的副部长。

一天傍晚，王维来到竹里馆。他双腿盘坐，想让自己从俗世中跳脱出来。可当静下来之后，王维又顿时觉得有些孤寂。他看着天上的月亮，便顺手拿起旁边的琴，抚琴高唱出一首《**竹里馆**》：

独坐幽篁里，弹琴复长啸。
深林人不知，明月来相照。

篁（huáng）：竹林。

独自闲坐在幽静的竹林中，一边弹琴一边跟着音乐声发出长啸。深深的山林中没有人看到我，只有天上的明月默默地陪伴着我。

全诗营造了一种清幽的意境，诗人在竹林中弹琴长啸，是生活中的小情趣，不过竹林中却没人看到自己，只有一轮明月相伴，侧面表达了诗人的孤寂之感。

王维还曾沿着渭水出游。他看着远处的农户人家生活祥和宁静，感到羡慕之余又有一些惆怅，吟诵出了一首《**渭川田家**》：

斜光照墟落，穷巷牛羊归。
野老念牧童，倚杖候荆扉。
雉雊麦苗秀，蚕眠桑叶稀。
田夫荷锄至，相见语依依。
即此羡闲逸，怅然吟《式微》。

雉雊（zhì gòu）：野鸡叫。

夕阳照在村庄上，牧童驱赶着牛羊缓缓归来。家中的老人倚着柴门，等待着自家放牧的孩童回来。长势喜人的麦地里，时时传来野鸡的啼鸣，仿佛在呼唤自己的配偶；桑林里的桑叶已所剩无几，蚕已经准备吐丝休眠。田间扛着锄头回家的农夫彼此相见时也在亲切地闲聊，舍不得分开。真羡慕如此安逸的生活，我不禁怅然地吟起了《式微》。

这首诗描绘了一幅田园晚归图。诗人看着这些再寻常不过的初夏景色，用白描手法一一绘出，体现出王维内心渴望闲适、想彻底从官场中解脱出来的心境。

王维内心不禁感叹，所有人都有自己的归宿，我的归宿又在哪里呢？

小贴士

《式微》，《诗经》中的一首诗，诗的大致意思是：“天黑了，为什么还不回家？要不是为了君主的事情，谁还在拼命地干活呢！”诗人吟《式微》，表现出他想彻底归隐的想法。

人在寂寞、有渴求的时候，总是会情不自禁地想到家乡、家人。之前王维想家的时候，不仅写过像《九月九日忆山东兄弟》这一首著名的思乡诗，还有一首也流

传甚广，就是《**杂诗**》：

君自故乡来，应知故乡事。
来日绮窗前，寒梅著花未？

您是从家乡那边来的，应该知道家乡的事情吧。请问您出发的时候，我家窗户跟前的那株蜡梅开花了没有？

全诗语言浅白如话，短短二十个字，情感真挚自然，让人沉醉其中。

后来，王维在家的时候，没事就陪母亲一起静坐。

到了天宝九载（750年），王维的母亲得了重感冒后一病不起。王维四处请大夫，但是母亲没有明显的好转，身体状况越来越差。王维和弟弟王缙一起在床前悉心照顾着母亲。

一天晚上，像是预感自己再也撑不了多久似的，王维的母亲把兄弟俩叫到床前交代了后事，并叮嘱他们一定要互相扶持，积累功德，说完就离开了人世。

王维和王缙为母亲举办了简单的丧礼，此后三年，王维就住在蓝田辋川为母亲守孝，很少出门，几乎与世隔绝。

三年后，王维孝期结束，到了服阙回朝的日子。回朝后，他被任命为吏部郎中。

小贴士

服阙，即丧服制度，古人父母死后，服丧三年，期满释服，称为服阙。

在工作上，王维还是照样兢兢业业；在生活上，他在自己的小天地辋川中自得其乐。

秋天的辋川别有一番风味，一场秋雨过后，秋山如洗，风光怡人，令人神清气爽。

这一天，刚好裴迪来王维家串门，王维就提出了想一起秋游爬山的想法。

“裴迪老弟，你看这秋雨后的山林，烟雾缭绕，要不我俩一起去空旷的群山中找一找世外桃源吧？”

“这点子不错啊！”裴迪回答说。

山中的景色没有让他俩失望，不仅风景如画，有时还能听到阵阵悦耳的欢声笑语。面对这样的场面，王维自然是诗兴大发。于是王维的代表作之一，《**山居秋暝**》就这样诞生了。

空山新雨后，天气晚来秋。
明月松间照，清泉石上流。
竹喧归浣女，莲动下渔舟。
随意春芳歇，王孙自可留。

一场新雨过后，山谷里空旷清新，初秋傍晚的天气特别凉爽。明月映照着幽静的松林，清澈的泉水在石头上淙淙流淌。竹林中的喧笑声是少女洗衣归来发出的，莲叶轻摇是因为上游荡下了轻舟。任凭春天的美景消失，眼前的秋景足以令人流连。

这首诗将空山雨后的秋凉、松间明月的光照、石上清泉的流动、浣女归来的笑声还有渔船穿过荷花的动态完美和谐地融合在一起，画面丰富且灵动。其中“明月松间照，清泉石上流”一句，仅仅十个字，却是有光、有影、有声、有形，动静结合，让人仿佛能感受到大自然的脉搏在跳动。

隐居辋川的这几年，王维完美地躲开了官场的那些琐事，畅享山水美景，状态非常好。在这段时间里，他的诗歌产量是越来越高，质量也越来越好，代表作越来越多。经过岁月的洗礼，王维逐渐明白，万事万物都有自己的运行规律，自己无须太过纠结与烦恼，只要遵从自己的本心就好。

第九章

逼任伪官

天宝十一载十一月，李林甫病死了，接替他宰相职位的是杨国忠。这杨国忠也不是什么好人，他跟安禄山就像两颗毒瘤，危害着唐朝的社稷。这两人还互咬，一次，安禄山在朝堂上向唐玄宗告状，说国舅杨国忠讨厌他，有机会就给他使绊子。唐玄宗听信一面之词，觉得安禄山十分可怜，还给了他很多赏赐。杨国忠、太子李亨等人都跟唐玄宗说不要轻信安禄山，并举报他有谋反的心思，但唐玄宗不相信，反而让安禄山升了官。

让人不得不佩服，安禄山这套恶人先告状的手法真是玩得有水平啊！

王维作为朝廷要员，在“入世”与“出世”间来回切换，时刻注意着朝堂上形势的发展和变化。

杨国忠的花样跟李林甫一样，依附他的就提拔，不听他的就赶走。

自以为是的杨国忠看王维一副“万事不关心”的样子，貌似对自己没什么威胁，也就没有怎么打压他。

到了天宝十四载（755年），王维又升官了。这次他当了“给事中”，相当于副宰相。

这一年的寒冬，安史之乱爆发。安禄山之前就一直看杨国忠不顺眼，这下终于忍不住了，随意找了个由头要讨伐杨国忠，并举兵谋反。

安禄山早就在准备这场大战了，所以打起来十分顺利，没花几个月就带着叛军打到了离京城不远的潼关。他把叛军总部移到洛阳，第二年正月称了帝，国号大燕，建都洛阳。

玄宗皇帝慌了神，脑子也不太清楚了，对于局势总是判断错误。六月，潼关沦陷。几天后，玄宗皇帝对外宣布说，自己打算亲自上阵杀敌，但实际上他早就已经收拾好行李，带上自己的老婆孩子准备逃跑了。

就是可怜了那些大臣们，他们都被玄宗皇帝给骗了，这时候都还傻傻地站在宫外，等着玄宗皇帝来上早朝呢。

王维也在等，只是早朝没等到，却在不久后等来了马嵬（wéi）坡兵变的消息。杨贵妃被处死，玄宗皇帝潜逃。叛军们以迅雷不及掩耳之势攻破了长安，京城也沦陷了。

听说皇帝都跑了，赶紧逃命吧

王维这时候才明白，这下是真的大事不好了，于是赶紧吃下一种特殊的药物，拿着行李，戴上帽子就出门了。但是他太出名了，这还没出城呢，就被叛军认出来抓走了。

王维吃下的药可以让喉咙发不出声音，所以当叛军将刀架在他脖子上，逼他投降的时候，王维只能发出“啊”的声音。这可把叛军气得不行，不过王维名气大，是重要人物，不好随意处置，他们只好把他押去了洛阳。

到了洛阳，安禄山看王维社会地位高，在百姓中的人气也高，又不像个刺头，就没有杀他，还特别给他安排了一个房间，把他关在了菩提寺里。

除了碍于王维的地位和人气外，安禄山其实还有自己的小算盘。他看王维这么有文采，就想借王维的手为自己的谋反洗白。

但是王维是个有气节的人，他想都没想就拒绝了安禄山。但拒绝是没用的，安禄山直接下了道“诏书”，安排王维在他的大燕朝廷任职，也就是逼迫他当了“伪官”。

王维被气得不行，这官他不想当，他也没有接受，但又没法向外声明，只能痛苦地忍耐着。

一天傍晚，王维在半梦半醒中，好像听到有人在喊他的名字："摩诘兄！摩诘兄！"

王维揉了揉眼睛，看见一个熟悉的身影，好像是他的好朋友裴迪。他以为自己在做梦，狠狠掐了一下大腿，好疼！原来真是裴迪！

“摩诘兄，几番周折，可算是找到你了！”裴迪非常开心。

“老弟，谢谢你记着我！”

裴迪把外面的情况都一一告诉了王维。玄宗皇帝目前已经到了成都，太子李亨在灵武即位，正在组织军队平叛。不久前，安禄山在凝碧池聚会庆祝，让乐工奏乐助兴。乐工都是梨园弟子，不想为叛军演奏，其中还有一个叫雷海青的琵琶手，当场大骂安禄山，还把琵琶给摔了。安禄山大怒，命令士兵当场将他残忍地杀害了！

王维听后，很是为那位琵琶手感到悲伤，不由得吟诵了一首《**凝碧诗**》：

万户伤心生野烟，

百官何日再朝天。

秋槐叶落空宫里，

凝碧池头奏管弦。

借这首诗，王维表达了自己对大唐的忠心。

小贴士

天宝十五载（756年）七月，唐肃宗即位，改年号为至德元载。

裴迪钦佩好友的一片丹心，将此诗默记于心。探望王维回来后，裴迪把这首《凝碧诗》抄了很多份，到处发传单，逢人便宣传，有乐工还将其谱入曲子，传唱起来。

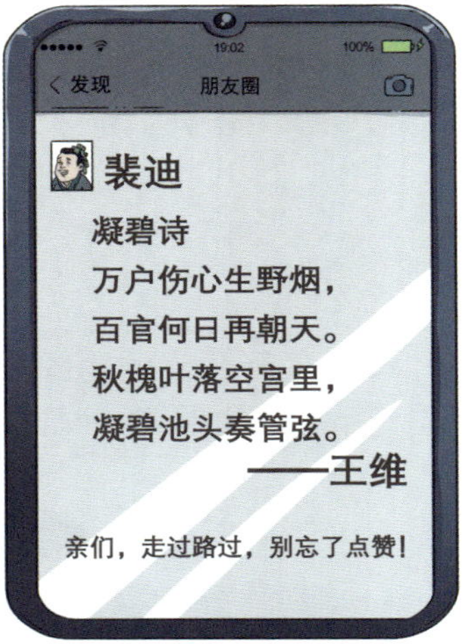

群众的力量是惊人的，这首诗很快就火遍了全国，也传到了正在前线与叛军浴血奋战的唐军将士们的耳朵里，唐军将士们也因此士气大增。

这边战场上正打得激烈，那边安禄山出事了。

安禄山被自己儿子安庆绪这个“猪队友”给害了，安庆绪自立为帝。但安禄山的老搭档史思明不乐意了，他不听安庆绪的调遣，叛军就出现了内讧。见局面开始好转，唐军抓住机会，打得叛军落花流水，终于在秋天快要到来的时候，收复了长安。

王维可算是盼来了“百官今日就朝天”，可是问题来了，伪官相当于叛徒，是重罪，按朝廷原本的打算，安禄山政权中的伪官全部得处死。

正所谓患难见真情，王维平时人缘好，所以这时候出来帮他的人还不少！

御史大夫李岘（xiàn）给肃宗提建议，让他按犯罪的轻重程度分为六个等级，再按等级来处罚。王维最后受的处罚是贬官，已经算是很轻的处罚了。他之前的那首《凝碧诗》发挥了很大作用，这也多亏了好朋友裴迪之前卖力帮他宣传。

小贴士

李岘建议的六个等级惩处依次是：第一等处死，第二等赐自尽，第三等杖责一百，第四等流放，第五、六等贬官。

在这件事中，还有一个出了大力的是弟弟王缙。之前打仗的时候，王缙作为副将，辅佐李光弼（bì）立下了汗马功劳，现在已经升官到三品了。

王缙就向肃宗求情，说起了他和哥哥相亲相爱的往事，并强调了他哥哥王维的爱国之心，还表示自己愿意削减官职，帮哥哥赎罪。可谓是晓之以理，动之以情，肃宗听了，很是感动，就答应了。

最后，王维重获自由，官降一级，成了太子中允，王缙被贬出京城，任蜀州刺史。

小贴士

太子中允是太子属官，辅佐太子。

这次风波过后，王维回到他阔别已久的辋川别墅，总算是可以松一口气了。

一天早晨，王维被喜鹊叫醒了，他心里不禁有些期待：难道今天有好事发生？

这不，吃过早饭，大才子杜甫就来家里做客了。

“摩诘兄，你吉人自有天相，真是可喜可贺啊！”这一年王维近60岁，杜甫近50岁，所以杜甫称王维为兄。“哪能啊，全靠大家仗义！”王维面露一丝尴尬。

蒙娜丽莎的假笑

聪明的杜甫看王维笑得不太自然，知道王维心里还在为做了伪官而愧疚，于是写一首《**奉赠王中允维**》来宽慰他：

中允声名久，如今契阔深。
共传收庾信，不比得陈琳。
一病缘明主，三年独此心。
穷愁应有作，试诵白头吟。

杜甫把王维比作身陷敌国而不忘故朝的庾信，赞扬了王维遭受牢狱之苦仍旧忠心耿耿的节操。王维很感动，也因此振作了一些。

转眼到了乾元元年（758年）春天，朝堂局势明朗，太上皇玄宗与肃宗父子之间还算相处融洽，没有大的争斗，王维享受着宁静的生活，朝臣和百姓们也都开心得不得了！

三月中旬，肃宗皇帝在大明宫含元殿召见文武百官和众多外国使臣。刚刚摆平一场战乱，又来了这么多外国客人，肃宗肯定要显摆一下，于是一大早就叫人起来张罗。人多力量大，这早朝仪式办得也是十分盛大，让人恍惚好像看到了以往盛唐时期的繁荣。

由于这次早朝大出风头，盛宴办得也很成功，肃宗觉得脸上倍有面儿，于是大赦天下，收获了一片欢呼与掌声。

早朝结束后，中书舍人贾至写了一首诗《早朝大明宫呈两省僚友》，这首诗写得那叫一个气势恢宏，歌颂了大唐的伟大与富强。王维、杜甫、岑参也不示弱，参与进来，三人各写了一首和诗，三首诗水平都极高。我们来看看王维的诗：

和贾舍人早朝大明宫之作

绛帻鸡人报晓筹，尚衣方进翠云裘。

九天阊阖开宫殿，万国衣冠拜冕旒。
日色才临仙掌动，香烟欲傍衮龙浮。
朝罢须裁五色诏，佩声归向凤池头。

阊阖（chāng hé）：宫门。冕旒（miǎn liú）：古代君王的皇冠，此处借指皇帝。衮（gǔn）：古代君王等的礼服。

报时官报晓之后，更衣官才给皇帝送上翠云裘。九重的皇宫打开了金红宫门，万国的使臣都弓着身子朝拜皇帝。日光刚刚照到殿堂之上，香烟环绕日光，黄袍上面的绣龙好像飞起来了。早朝结束之后，贾至要用五色纸起草诏书，身上的佩玉叮当响，一直响到凤凰池头。

和大家一样，王维似乎看到了唐王朝再次兴盛的希望。

然而，真相却是残酷的。原来，太上皇玄宗和肃宗父子相处融洽那都是表面现象，是做样子给别人看的，实际上他俩的争斗一天也没消停过。

太上皇玄宗总是想法子压制肃宗，肃宗看自己权力受限，就很生气，干脆拿玄宗朝任职的大臣出气，他先后把房琯、贾至、严武和杜甫统统赶出了朝廷。

这几个人都跟王维有深交，但是肃宗没有赶走王维，也许是因为肃宗认为他处事平和，没有什么威胁吧！

六月，史思明又叛乱了，战火再起，百姓又遭了殃。面对这样的乱局，王维又能做些什么呢？

第十章

余生晚景

经历了被抓、被关、被放三部曲之后，王维此时更加淡定了，既然管不了混乱的朝局，那就随他们去闹腾吧！

在王维的人生字典里，争斗、权贵都是浮云，自己内心的宁静才最珍贵。

王维内心虽然渴望大唐中兴，但他知道经历了战乱的唐朝是不可能在短时间内恢复的，他只能尽自己的努力多为百姓做一点儿实事了。此时的王维升官到了**尚书右丞**。

小贴士

尚书右丞是协助尚书令工作的，这是王维一生中最显耀的官职，所以后人尊称他为“王右丞”。

经历了战乱，普通百姓的日子很不好过，很多人家里早就没有剩余的粮食了，再加上不是收成的季节，百姓们几乎都饿着肚子。

王维想起母亲生前的交代，身为高官，要对得起百姓。况且自己之前能红，也多亏了这些“粉丝”，他们仿佛是自己的衣食父母，现在他们有难，自己怎么能不管？于是，他向朝廷呈上《请回前任司职田粟施贫人粥状》，请求贡献出自己的职分田，用全部收成的粮米来煮大锅粥，给穷苦百姓施粥，好让他们能挺过饥荒与战乱。

小贴士

唐朝制度，朝廷文武官员，按品级大小分给职分田。职分田就是古代按品级授予官吏作俸禄的公田。

不过肃宗皇帝刚开始并没有同意。王维后来又提了一次，肃宗才最终同意。

肃宗皇帝信佛，常常会请很多僧人念佛祈祷。王维就向肃宗呈上《请施庄为寺表》，恳请肃宗让他把自己的辋川别墅改为佛寺，肃宗很高兴。于是王维回到辋川别墅收拾行李。

王维正收拾着呢，王缙也来了。王维很高兴，拉着弟弟想让他多住一段日子。但王缙说，他这次是从蜀州回京汇报工作的，现在工作汇报完了，就打算回蜀州去。刚好听说哥哥在辋川，就想着过来见他一面。

王维内心有点失落，本想着借此机会跟弟弟好好聚一聚，没想到弟弟马上就要走了。这次一走，又不知道何时才能见面了。兄弟二人收拾好后，便一起离开了辋川。

随着马车慢慢地离开辋川，王维和王缙看着周围熟悉的一草一木，都心生留恋，分别写下一首《**别辋川别业**》，我们来看看王维写的：

依迟动车马，惆怅出松萝。
忍别青山去，其如绿水何。

依依不舍地启动马车，心情惆怅地离开山林。强忍不舍告别青山，同绿水也难分难舍。

就这样，王维告别了自己多年的心灵驿站。

王缙离开辋川后，便要往蜀州去了。王维送走王缙后，登上青龙寺，写下了一首《**别弟缙后登青龙寺望蓝田山**》：

陌上新离别，苍茫四郊晦。
登高不见君，故山复云外。
远树蔽行人，长天隐秋塞。
心悲宦游子，何处飞征盖。

与弟弟刚刚别离，天地苍苍茫茫，四处晦暗一片。登上高处远远地眺望，只看到远处的蓝田山和白云，却看不见弟弟。远处郁郁葱葱的大树遮挡住了行人的行踪，那遥远的天空将这秋天遮得严严实实。我的心仍然很担忧弟弟，前路漫漫，他的脚步将会停在哪里呢？

这首诗寓情于景，苍茫的景物，晦暗的色调，为全诗定下苍凉的基调，抒发了诗人内心的悲凉与惆怅，亦流露出与其弟深厚的情谊。

尚书右丞的工作不少，但如今的王维已能游刃有余，休息静坐的时间还是有的。

工作修行两不误，这才是双赢！

一天上午，王维正在家里静坐，忽然听到敲门声，开门一看，原来是自己的好朋友裴迪来了。

裴迪说他这次来，是有件特别的事。之前就听王维说想拜访隐士吕逸人，前几天他偶然得知了吕逸人隐居在新昌里，这不马上就跑来告诉好兄弟了。王维内心感动啊，裴迪一直把自己说的话记在心里，这好朋友没白交啊！于是，他俩马上就出发去新昌里找吕逸人了。

走啊走，找啊找，最后他俩终于来到了吕逸人的家门口，却发现门锁了，主人不在家，王维与裴迪干脆就在旁边逛起来了。

王维欣赏着周边的风景，一下就喜欢上了，不由感叹吕逸人真会找地方。他一时灵感爆发，写下一首《**春日与裴迪过新昌里访吕逸人不遇**》：

桃源一向绝风尘，柳市南头访隐沦。
到门不敢题凡鸟，看竹何须问主人。
城外青山如屋里，东家流水入西邻。
闭户著书多岁月，种松皆老作龙鳞。

桃源（吕逸人隐居的地方）向来与世隔绝，我专门来柳市南头访问隐居的逸人。来到这里发现主人不在也不敢在门上题“凡鸟”（即“鳳”字，“凤”的繁体字），参观主人的住地环境好像不用询问主人。城上的青山仿佛就在室内，东边流动的水流入西边。主人住在这里著书立说应该已经很久了，亲手栽种的松树的皮都已像龙鳞一样了。

这首诗处处体现着诗人对吕逸人的仰慕之情，诗人运用虚实结合的手法，上下句虚实相间，上下联虚实相对，颇有情趣。

王维和裴迪没等到人，只好约定下次再来的日子，就各回各家了。

一段时间后，裴迪就又来找王维了。只是这次，裴迪是来跟王维告别的，因为裴迪被肃宗皇帝派到蜀州当一个小吏，就要出发了。

两个相交几十年的好朋友，就要分别了，而且两人年纪都不小了，这一走也不知道啥时候才能见面。裴迪走后，王维十分想念友人，还写了一首非常感人的诗——《**赠裴迪**》：

不相见，不相见来久。
日日泉水头，常忆同携手。
携手本同心，复叹忽分襟。
相忆今如此，相思深不深？

没有见面，没有见面已经很久了。我每天都在泉水边上，经常回忆着我们携手同游的生活。我们因为志趣爱好相同而成为好朋友，又忍不住叹息忽然就分离了。回忆到这里，可想而知我对你的思念会有多深了。

从这首诗也能看出王维和裴迪的感情有多么深，只是谁也没想到，这一别，竟是最后一面。

朋友们走的走，忙的忙，王维怀着“无欲无求”的心态认真工作，在闹市中修行。

而此时的大唐，经历了叛乱、战争，还有周边国家的小打小闹，现在是千疮百孔，百姓们也是苦不堪言，开元盛世的局面是一去不复返了。

王维认为现在战乱已基本平定，国家目前需要的就是稳定朝纲，发展经济。而大唐现在缺少的就是一个能辅佐皇上的贤才，于是他想到了弟弟王缙。王缙的文才很好，又是一个有谋略又有政治魄力的人，肯定能成为肃宗的得力干将。

于是，王维就写了一封推荐信——《责躬荐弟表》给肃宗，希望免去自己的官职，推荐自己的弟弟来辅佐皇上。

这封推荐信，王维写得情真意切，他在信中一一列举了自己的短处和弟弟的长处，总的来说，就是弟弟比自己更适合帮助肃宗带领现在的唐朝走向兴盛，希望肃宗能认真考虑自己的建议。肃宗读完之后，十分感动，就批准了。

上元二年（761年），王维身体越来越不行了，肃宗就让他在家休息养病。这年夏天，天气特别炎热。王维的身体、心气都急剧衰老。他预感到自己剩下的日子不多了。

他在《偶然作》的诗里调侃自己："老来懒赋诗，惟有老相随。宿世谬词客，前身应画师。不能舍余习，偶被世人知。名字本皆是，此心还不知。"

六月底，王维撑起虚弱的身体，用颤抖的手缓缓写下《谢弟缙新授左散骑常侍状》，表达了对肃宗的感谢，随后又给王缙写了一封遗书，还给一些亲朋好友写了信，不久就去世了。

后来，肃宗的儿子代宗感念王维的才情，命王缙搜集整理王维的诗文，编成《王右丞集》，流传于世。

第十一章

一生总结

被誉为一代“音乐天才”“诗画中的才子”的王维，就这样离开了。这不仅是唐朝的一大损失，也是世界文学宝库的损失。下面让我们来回顾一下王维的这一生吧。

公元701年（武则天长安元年），王维出生。

公元709年（唐中宗景龙三年），王维九岁，父亲去世。

公元715年（唐玄宗开元三年），王维十五岁，独自离开家前往长安。

公元717年（唐玄宗开元五年），王维十七岁，因思念家人，写下了《九月九日忆山东兄弟》。

公元719年（唐玄宗开元七年），王维十九岁，参加了京兆府试，并夺得第一名。

公元721年（唐玄宗开元九年），王维二十一岁，中进士，任太乐丞，后因伶人舞黄狮子事件受累，贬为济州司仓参军。

公元726年（唐玄宗开元十四年），王维二十六岁，辞去济州司仓参军回长安，途中创作《寒食汜上作》。后至淇上任小官。

公元734年（唐玄宗开元二十二年），王维三十四岁，受宰相张九龄提拔，任右拾遗。

公元737年（唐玄宗开元二十五年），王维三十七岁，封监察御史，出使凉州。创作《使至塞上》《从军行》等边塞诗。

公元740年（唐玄宗开元二十八年），王维四十岁，出任知南选。张九龄、孟浩然去世。写了《哭孟浩然》等。

公元741年（唐玄宗开元二十九年），王维四十一岁，半隐终南山。

公元744年（唐玄宗天宝三载），王维四十四岁，买下辋川别业，开始半隐辋川的生活。

公元745年（唐玄宗天宝四载），王维四十五岁，迁侍御史，出使榆林、新秦。

公元750年（唐玄宗天宝九载），王维五十岁，母亲崔氏去世，离朝丁忧。

公元755年（唐玄宗天宝十四载），王维五十五岁，安史之乱爆发。

公元756年（唐肃宗至德元载），王维五十六岁，被安禄山软禁于菩提寺，被迫就任伪官，创作《凝碧诗》。

公元757年（唐肃宗至德二载），王维五十七岁，因曾任伪官，赴西京定罪。后因《凝碧诗》的创作和弟弟王缙等人的帮助，得到宽免。

公元760年（唐肃宗上元元年），王维六十岁，升为尚书右丞，因此后世称他为“王右丞”。

公元761年（唐肃宗上元二年）七月，王维在辋川去世，享年六十一岁。

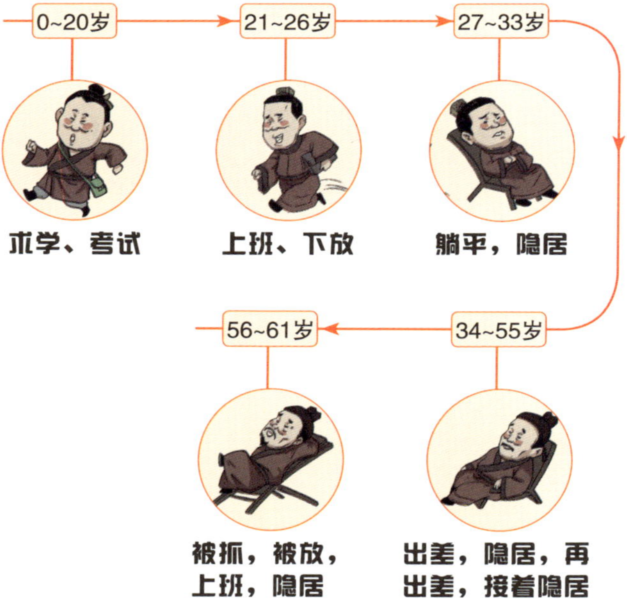

回看王维的一生，或许有人会觉得这就是一个把一手好牌打得稀烂的人吧。含着金钥匙出生，从小受到良好的教育；作为一个神童般的存在，更是琴棋书画样样精通。这样的开场，仿佛我们早就已经预见到了王维的一生会有多么精彩。

俗话说得好，穷人家的孩子早当家。虽说王维开场很顺利，作为官二代，荣华尽享，然而世事难料。一夜

之间，王维不仅失去了父亲，同时也失去了官二代的身份。别人家的孩子，十几岁的时候还懵懵懂懂，王维却已经肩负起家庭责任，早早奔赴长安，开启了漫漫求官之路。

好在王维天赋过人，作为一匹千里马，并没有等待多久就被岐王这个伯乐相中了，岐王带他走入上流社会，见识官场，成功打入了官场的圈子。王维还通过考试成为一名有编制的官员——太乐丞。

本以为这样就可以肩负起家庭的重任，让家人从此丰衣足食，再无忧愁。可没过多久，王维就因为卷入“政治风波”而被下放了。

也正是因为这样，王维在这几年下放乡下的日子里，逐渐发现自己好像天生就是为田园而生，喜欢上了在乡下隐居劳作的生活，每天作作诗，唱唱歌，画会儿画，日子简直不要太好过！

仿佛是觉醒了一般，王维后来就辞职，回了长安。王维到淇上和长安各住了一段时间，当了小官，每日清闲。直到张九龄当了宰相，王维才被提拔为右拾遗。

然而，福祸总是相依的。不仅每天要早起上班，还因为有奸臣李林甫的存在，上班还得学习自保。接踵而来的坏消息也让王维喘不过气。张九龄被罢相，王维无力相助，只能无奈写诗相赠。

为了躲开纷争，王维到处出差，却在出差路上接连听到自己伯乐、好友去世的消息。

王维越发向往隐居生活，先是半隐终南山，后来又在蓝田辋川买了一栋房子，过着半官半隐的生活。

直到安史之乱发生，他被叛军软禁，被逼担任伪官，身陷叛国罪名。所幸曾在软禁期间作下一首《凝碧诗》，后来凭借这首诗和朋友兄弟的相助，王维才得以脱身。经过这一劫难之后，王维的身体每况愈下，坚持了几年之后，就去世了。

王维这一生可以说让人羡慕，却也让人惋惜。出身名门大家，却经历幼年丧父，中年丧妻丧子；拥有过鲜衣怒马的辉煌，也有被贬偏远之地的低谷；看过大唐盛世的繁华，也经历过国破家亡的安史之乱。他是官场上的红人，却不愿参与官场上的钩心斗角，只是冷眼旁观，明哲保身。后来时常归隐山林，找寻自己的灵魂栖息地，回归大自然，写诗作画。半官半隐的生活也让他走出了一个特别的人生。

而王维的特别更体现在他那如诗如画的诗歌成就上。从小天赋异禀的王维，这一生创作的名篇也是数不胜数。如他十七岁时就已经创作出经典的思乡诗——《九月九日忆山东兄弟》，语言质朴，却句句真诚。再比如经典的表达相思之情的诗——《相思》，还有后来隐居时创作的《山居秋暝》《鸟鸣涧》《鹿柴》等名篇，都是他最为有名的山水田园诗。由于他母亲从小就教他禅学，耳濡目染之下，“佛系”这个词也算是贯穿了他的一生，在他的很多诗中都能看到“禅学”的痕迹。他的诗读来总让人有一种空旷宁静的感觉，诗中意象也多为山林风景，好像一幅幅山水画，而中间又蕴含了很多哲理，这也是后世称他为“诗佛”的原因。

王维的送别诗也别具特色。他的送别诗最大的特点在于他总是习惯站在他人的角度来思考，不仅可以将对方的心思揣摩得十分细致，更有一种十分奇特的力量，让读者也能体会到正在分别的人的心情，并且沉浸在其中。经典作有《山中送别》《送元二使安西》等。

王维还有一个最大的特点，那就是他可是“全能型”的人才。他除了是诗人，还是画家和音乐家。而且每一个身份都做到了业内的佼佼者。所以他的诗中总会带有画画和音乐的元素，正如苏轼评价的：“味摩诘之诗，诗中有画。观摩诘之画，画中有诗。”后人常说：“李白是天才，杜甫是地才，王维是人才。”

唐代宗李豫曾评价王维：“天宝中诗名冠代，朕尝于诸王座闻其乐章。”大概意思是说王维在天宝年间

诗名称冠一代，代宗曾经在很多王侯的家中听到唱他的诗篇。

王维更是唯一的被杜甫称之为“高人”的诗人。杜甫在《解闷》组诗中写道：“不见高人王右丞，蓝田丘壑漫寒藤。最传秀句寰（huán）区满，未绝风流相国能。”意思是：蓝田别墅中不见高人王维，丘壑中寒藤蔓生，一片荒凉。他的锦绣诗篇名扬天下，如今他虽然已经仙去，他的好诗却为天下所传诵，他的弟弟宰相王缙也有着他那样的文采，也算稍许安慰。

总的来说，王维是骄傲的，骄傲如他的诗与画。王维也是落寞的，在这世上闯荡了一遭却悄无声息地

离去。王维更是有佛性的，他不在乎世情冷暖、世俗目光，只在乎自己的内心与诗画的境界。